Maik Brüggemeier

Catfish

MAIK BRÜGGEMEIER

CAT FISH

EIN BOB DYLAN ROMAN

WALDE+GRAF bei METROLIT

Hinweis

Dies ist keine Biografie über den Songwriter Bob Dylan, sondern ein Roman. Alle hier im Buch beschriebenen Begegnungen sind frei erfunden. Einzelne Zitate aus frei verfügbaren Interviews mit Bob Dylan sowie Songzeilen aus seinen Liedern hat der Autor für dieses fiktionale Werk verwendet (sie sind im Anhang vermerkt), aber viele der Äußerungen und Dialoge in diesem Buch sind erfunden. Ähnlichkeiten mit realen Personen sind darüber hinaus zufällig und nicht beabsichtigt.

Ohne seinen Schritt zu verlangsamen, sah er mich an, und in seinen Augen blitzte das Mondlicht. Er blinzelte, und es sah aus, als formten seine Lippen den Satz: „Du machst die Musik lebendig."

Ob er es wirklich gesagt hat, ist nicht so wichtig. Wichtig ist nur, dass ich dachte, ich hätte es gehört, und ich habe es nie vergessen.

(Bob Dylan, „*Chronicles*", Verlag Hoffmann und Campe, Übersetzer Gerhard Henschel, Kathrin Passig, Hamburg, 2004)

Prolog

DAS BOB-DYLAN-GEFÜHL

„Ladies und Gentlemen, bitte heißen sie den Hofdichter des Rock'n'Roll willkommen. Die Stimme und das Versprechen der Gegenkultur der Sechziger. Den Typ, der Folk mit Rock ins Bett gezwängt hat, der in den Siebzigern Make-up auflegte, in einem Nebel des Drogenmissbrauchs verschwand, wieder auftauchte, um ‚Jesus zu finden', den man Ende der Achtziger als einen von vorgestern abgeschrieben hatte, der plötzlich ein paar Gänge hoch schaltete, um ab Ende der Neunziger einige der stärksten Werke seiner Karriere zu veröffentlichen."

Mit diesen Worten begann Anfang des 21. Jahrhunderts jedes Bob-Dylan-Konzert. Sie sind einer Ausgabe der *Buffalo News* entnommen, einer Tageszeitung, die im Westen des US-Bundesstaates New York erscheint. Der hier beschriebene Künstler fand sie als Essenz seiner seinerzeit ziemlich genau vierzig Jahre währenden Karriere anscheinend so komisch, dass er sie seinen Fans nicht vorenthalten wollte. Der Mann hat halt Humor.

Der Text wirkt deshalb so komisch, weil der Autor dieser Zeilen, ein Musikjournalist namens Jeff Miers, versucht hat, eine Grabrede auf einen Flüchtigen zu halten. Man kann sich so eine Szene gut in einem Western vorstellen: Der örtliche Sheriff steht vor einem bereits in die Grube gelassenen, notdürftig aus ein paar Brettern zusammen gezimmerten Sarg und zählt die Vergehen des von ihm zur Strecke gebrachten Gauners auf. Die Kamera zeigt eine Totale, in der man den Gesetzeshüter mit seinen Gehilfen mitten in der weiten amerikanischen Landschaft stehen sieht. Plötzlich fällt ein Schuss. Ein Schnitt auf das grinsende Gesicht des offensichtlich quicklebendigen Schurken. „Wenn man außerhalb des Gesetzes leben will, muss man ehrlich sein", murmelt er und reitet davon. Die Hilfssheriffs beugen sich über das Grab, in dem ihr Chef nun mausetot auf einem leeren Sarg liegt.

So wie der Sheriff hat auch Miers natürlich nur getan, was von ihm verlangt wurde. Als Journalist hört man von Redakteuren und Chefredakteuren oft die Floskel: „Man kann auch auf fünf Zeilen alles erzählen, die Frage ist nur, wie man es tut." Und so liest sich Miers' Text wie ein Entwicklungsroman in Schlagzeilen. Er erzählt von einem, der auszog, um einem Versprechen zu folgen, der Krisen durchlitt, nach Sinn suchte und schließlich seine Bestimmung fand.

Das klingt ganz so, als könne der hier beschriebene Mann uns jede Menge Nützliches über das Abenteuer des irdischen Daseins mit auf den Weg geben: handfeste Ratschläge ebenso wie lebensphilosophisches Rüstzeug. Und damit ist die anfängliche Idee, die diesem Buch zugrunde liegt, auch schon umrissen. Es soll nämlich, so regte es mein Agent ursprünglich an, der Frage nachgehen, was wir von Bob Dylan über das Leben lernen können. Ganz einfach, sollte man meinen.

Wer sich schon mal etwas umfassender mit besagtem Künstler beschäftigt hat, wird allerdings wissen, dass uns diese Aufgabenstellung vor ein kleines Problem stellt: Der alte Mann spricht nicht gern über sein Leben und seine Erfahrungen. Selbst in seinen sogenannten Memoiren, *„Chronicles, Volume One"*, bleibt er ziemlich vage. Er beschreibt eindrücklich Räume, Städte und Leseerfahrungen, doch je näher es an seine eigene Person herangeht, desto unschärfer wird die Sprache. So schreibt er beispielsweise zweimal prosaisch von „meiner Frau", ohne kenntlich zu machen, dass es sich jeweils – es liegen Jahrzehnte zwischen den beiden Passagen – um eine andere Person handelt. Er war nämlich mindestens zweimal verheiratet. Von der zweiten Ehe und der gemeinsamen Tochter erfuhr man erst etwa ein Jahrzehnt nach der Scheidung – natürlich nicht aus erster Hand. Sein langjähriger, 2001 verstorbener persönlicher Assistent Victor Maymudes glaubte sogar, so berichtete später dessen Sohn, insgesamt mindestens fünf Ehen gezählt zu haben, und im Herbst 2014 gab es Gerüchte über eine weitere Scheidung, nachdem die aktuelle Ehefrau insgesamt 180 Millionen Dollar des Dylan'schen Vermögens auf den Kopf gehauen haben soll. Natürlich wurde das nie offiziell bestätigt.

Über Dylans momentanen Familienstand weiß man also wenig, es ist auch unbekannt, welche Religion er wie praktiziert und wo er politisch steht. Dafür konnte man in einem Interview erfahren, dass er sich mit Boxen fit hält und schon häufiger mit dem Schauspieler Mickey Rourke und dem Regisseur Quentin Tarantino in den Ring seines Box-Clubs in Santa Monica gestiegen ist, der sich übrigens neben einem ebenfalls von ihm betriebenen Coffee House an der Ecke Broadway und 18th Street befindet.

Ein andermal erzählte Dylan, er wäre die Transfiguration eines 1964 tödlich verunglückten Mitglieds der *Hell's Angels* namens Bobby Zimmerman. Dazu muss man einerseits wissen, dass er als Robert Allen Zimmerman geboren wurde, und andererseits, dass mit Transfiguration ein im Neuen Testament beschriebenes Offenbarungsereignis gemeint ist. Dort wird die „Verklärung des Herrn" wie folgt beschrieben: Die Apostel Petrus, Jakobus und Johannes stiegen mit Jesus auf einen Berg, und als sie den Gipfel erreichten, strahlte sein Antlitz „wie die Sonne, und seine Kleider wurden weiß wie das Licht".

Man kann die Aussage Dylans einfach als Unsinn abtun, oder aber, und das war mein Ansatz, man fragt einen geschätzten Theologieprofessor, was das zu bedeuten habe, und der schrieb mir dann auch zügig zurück: „Auf der Aussageebene ist das, was Dylan im Interview zur Transfiguration (war das der Ausdruck?) entwickelt, einigermaßen hanebüchen. Mein Grundverständnis hierzu: Auch wo Dylan ins Spekulieren gerät, wo er religiöse oder metaphysische Welt-Bilder entwirft oder beansprucht, macht er dasselbe wie in seinen Songs: Er ist nichts anderes als ein Storyteller – der erfindet, flunkert, ja ‚lügt', um verpackt in Erzählungen oder anderen fiktionalen Stoffen sagen zu können, was ihn zuinnerst betrifft – um es im selben Moment zu verstecken und zu schützen." Womit dann ja wohl jede Eindeutigkeit beseitigt wäre.

Es gibt eine eigene Forschungsrichtung, die sogenannte Dylanologie, die sich hermeneutisch mit den Texten und Äußerungen dieses immer wieder Rätsel aufgebenden Mannes befasst und sie bis in die Körnung seiner Stimme hinein seziert. Da wird viel geforscht und veröffentlicht zu Dylans Quellen,

Vorbildern und Einflüssen und viel Aufwand betrieben, um beispielsweise zu erklären, warum das Studienobjekt der einzige Popmusiker ist, auf den die allseits gefürchtete Kulturindustriethese von Max Horkheimer und Theodor W. Adorno nicht zutrifft, es sich bei seinen Werken also keinesfalls um triviale, die Interessen des Kapitals in die Ohren der Konsumenten flüsternde Waren, sondern um Kunst handle, die das kritische Bewusstsein fördere. Was wohl darauf hindeutet, dass auch in der Wissenschaft in der Regel Fans am Werk sind.

Letztlich sind das natürlich sich um sich selbst drehende akademische Spielereien, deren Ziel es nicht ist, aus den Liedern einen lebenspraktischen Nutzen oder eine genauere Vorstellung über ihren Autor zu destillieren, zumal das ja eh schwierig ist mit der Autorenschaft, weil ein Text ja wiederum aus vielen Texten anderer sogenannter Autoren besteht usw. usf. – man kennt das ja. Und so bleiben diese Analysen trotz allen Bemühens der Dylanologen zumeist recht vage. Womit ich keinesfalls sagen will, die Lektüre dieser Schriften sei verlorene Liebesmüh – sie kann, ganz im Gegenteil, überaus lustvoll sein, wenn man wissen möchte, wie die sieben Todsünden, das dritte oder fünfte Buch Mose oder die Werke von Friedrich Nietzsche, Walt Whitman oder Erica Jong auf Bob Dylans Werk eingewirkt haben. Praktischer veranlagt war der obsessive New Yorker Gelehrte Alan Jules Weberman, der bereits Anfang der Siebziger im Hausmüll des Künstlers nach Hinweisen auf dessen Lebensweise und mentale Verfassung suchte. Ergebnis: ein paar benutzte Windeln und ein Haufen Hundescheiße – Material, das immerhin Stoff für mehrere Bücher bot. Aber will man das wirklich lesen?

Konkrete Aussagen zu Dylans Person und Lebensführung wollen übrigens – wie ich aus eigener Erfahrung weiß – auch die nicht machen, die ihn wirklich kennen. Weder der Songwriter Bob Neuwirth, sein ehemaliger Tourmanager und bester Kumpel, der sogar – allerdings kopflos und im Hintergrund stehend – das Cover des Albums „Highway 61 Revisited" schmückt, noch der Schauspieler John Goodman, der in einem Film mit dem bezeichnenden Titel „Masked And Anonymous" mitspielte, für den Dylan unter Pseudonym das Drehbuch schrieb, und in dem er auch die Hauptrolle übernahm. Auf ihren Freund angesprochen, werden Dylans Vertraute einsilbig – sei es, weil sie selbst nichts wissen oder weil sie loyal sind und ihren prominenten Buddy nicht irgendeinem Journalisten ausliefern wollen.

„Maik, mein Freund, du glaubst doch nicht, dass ich dir erzähle, wie es wirklich war", höhnte beispielsweise Neuwirth am Telefon und lachte (mich aus).

Paul Simon, in Queens geborener New Yorker, schon als Teenager ein professioneller Songwriter am Broadway und lange in einem gewissen Konkurrenzverhältnis zum Provinzler Dylan stehend, wusste immerhin Kurioses zu berichten. Er erzählte mir im Winter 2011, er habe gerade für sein Anwesen in Connecticut ein Gartentor von Dylan gekauft. Ich konnte es erst nicht glauben, dachte, ich hätte mich verhört, doch er erklärte, sein Freund Bob sammle Fahrradteile, Zahnräder, Werkzeuge, Küchengeräte, gegossene Ornamente und schmiedeeiserne Figuren und schweiße daraus sehr schöne Tore und Pforten. Kurz darauf las ich in der *New York Times,* wie der Songwriter Jack White erklärte, Dylan habe ihm das Schweißen beigebracht. Das schien Simons Geschichte zu stützen. Und einige Jahre später zeigte der weltberühmte Heimwerker dann tatsächlich einige seiner Arbeiten unter dem Titel *„Mood Swings"* in London. Seine Erklärungen dazu fielen allerdings eher spärlich aus. Er habe sein Leben lang mit Eisen zu tun gehabt, schrieb er im Ausstellungskatalog. „Ich bin in einer Eisenerzgegend aufgewachsen, wo man es jeden Tag atmen und riechen konnte. Und ich habe immer auf die ein oder andere Art damit gearbeitet." Tore gefielen ihm besonders, so fuhr er fort, aufgrund des „negativen Raumes", den sie gewährten. „Man kann sie schließen, aber gleichzeitig erlauben sie es den Jahreszeiten und den Winden zu fließen und einzudringen. Sie können dich einschließen oder ausschließen. In gewisser Weise macht das keinen Unterschied."

Vielleicht, so dachte ich kurz, müsste man es machen wie das Journalistenwunderkind des *New Yorker*, Jonah Lehrer, der sich für sein Buch *„Imagine! How Creativity Works"* einfach selbst ein paar schön konkrete Statements zu seinem Thema, dem kreativen Prozess im Allgemeinen, ausdachte und sie Dylan in den Mund legte. Eigentlich eine fast schon dylanesk zu nennende Vorgehensweise, doch man kam ihm auf die Schliche und das Buch musste zurückgezogen werden. Vielleicht also doch keine so gute Idee. Zurückgezogene Bücher gibt es schon genügend.

Halten wir also fest: Wenn man von Bob Dylan etwas über das gute und richtige Leben erfahren will, führt der direkte Weg nicht über das, was er über sich oder andere über ihn gesagt haben. Wir müssen einen anderen Weg gehen, und der führt, so mein Vorschlag, über ein Lagerfeuer.

Natürlich weiß ich, dass das gerade im Fall Dylan ein fragwürdiger Ausgangspunkt ist, weil viele Menschen, egal, ob sie seine Songs lieben oder nicht, vermutlich mehr als einmal in ihrem Leben, eben dort sitzend, mit anhören mussten, wie einige seiner bekanntesten Lieder im Zwielicht kokelnder Holzscheite zu Tode geschrammelt, gebongot und gejault wurden – „Blowin' In The Wind", „Knockin' On Heavens Door", „Mr. Tambourine Man" ...

Aber keine Angst, eine Gitarre hat niemand auf dem Schoß an unserer Feuerstelle, irgendwo inmitten der Felder des Tecklenburger Landes, und singen würden die zehn halbwüchsigen Jungs, die im Halbkreis auf Hockern, Luftmatratzen, Steinen und Holzscheiten drum herum sitzen, auch niemals freiwillig; dazu stecken sie viel zu tief in Stimmbruch und Pubertät (zudem handelt es sich um maulfaule Westfalen). Sie sind ganz still und lauschen Manni, einem der beiden Leiter ihrer Jugendgruppe des Kolpingwerkes.

Manni ist Anfang zwanzig, arbeitet als Elektriker auf dem „Pütt", und erzählt, mit einem Stock in der Glut stochernd, so dass des Öfteren Funken sprühen, von einem Song, der ihn nicht loslässt. „Ihr müsst euch vorstellen: Da ist dieser Gauner, Catfish heißt der. So ein kleines Frettchen im weißen Anzug. Cooler Typ. Der weiß alles und kennt jeden. Und der schleicht so durch die Stadt." Manni hat die Schultern gehoben, den Kopf nach vorn gestreckt und wippt auf seinem Hocker. „Er hat all diese Tricks drauf. Der stiehlt dir deine Uhr oder sogar deinen Mantel, ohne dass du es merkst. Und er dreht dir komische Sachen an. Drogen, Schmuck, Pelze. Mit ein paar Worten kriegt der jede Frau rum. Sein Schatten ist dreimal so groß wie er und geht ihm voraus. Und immer, wenn er um die Ecke kommt" – Manni wendet seinen Kopf in alle Richtungen, als würde er etwas suchen –, „raunen schon alle: ‚Catfish is coming'. Ey, und wie Bobby das sagt –

16

‚Catfish is coming', das ist so cool. ‚KÄTTfisch ISSSSS KOM-Minnnnn'. Total geil. Das müsst ihr hören. Unglaublich. Echt."

Ich war damals, im verregneten Sommer 1991, einer der lauschenden Jungs an diesem mühsam auf der klammen Wiese zum Brennen gebrachten Feuerchen. Und mit Mannis Erzählung fing ich mir einen Dylan-Virus ein, von dem ich mich bis heute nicht erholt habe. Ich begann nach diesem Abend mit meiner Suche nach Catfish. Borgte, kaufte und klaute Platte um Platte, doch ich fand ihn nirgendwo – stattdessen andere geheimnisvolle Typen wie Handy Dandy und Joey, Frankie Lee und Judas Priest, einen Mann im langen schwarzen Mantel und betörende Frauen wie Ramona, Johanna, Sara und Isis.

Erst Jahre später fiel mir die zumindest für einen Schüler sündhaft teure Sammlung zuvor unveröffentlichter Aufnahmen, „The Bootleg Series Vol 1-3", in die Hände, auf der sich dann, endlich am Ende meiner Suche, tatsächlich ein Song mit dem Titel „Catfish" fand. Ich muss zugeben, ich war ein bisschen enttäuscht, als ich den eigentlich ziemlich unspektakulären, gerade mal zweieinhalb Minuten langen Blues zum ersten Mal hörte. Das Lied klang überhaupt nicht so, wie ich es mir nach Mannis Schilderung vorgestellt und ausgemalt hatte, und um einen kauzigen Kriminellen ging es schon gleich gar nicht. Dylan sang hier zu summsender Mundharmonika von, wie ich dem Begleittext entnahm, Jim „Catfish" Hunter, einem Werfer der New York Yankees – „Catfish, million-dollar-man / Nobody can throw the ball like Catfish can." Ich wünschte, ich würde mich für Baseball interessieren.

Ich brauchte eine ganz Weile, um zu erkennen, dass Manni trotzdem mit (fast) allem Recht gehabt hatte. Vielleicht war sein

Englisch nicht gut genug gewesen, um den Text zu verstehen, oder er hatte einfach nicht so genau auf die Worte gehört, jedenfalls hat er diesen Trickser und Herumtreiber, den er Catfish nannte, jenseits der Bedeutungen, im Klang von Dylans Stimme gefunden. Er hat also an unserem Lagerfeuer nicht vom Protagonisten des Songs erzählt, sondern vom Sänger selbst. Und er hat das mit der gleichen, fast zärtlichen Mischung aus Amüsement und Faszination getan, mit der Fans, wie ich später erfuhr, tatsächlich oft über Bob Dylan sprechen.

Sie erzählen sich schrullige Anekdoten wie die, dass der Multimillionär, der pro Show etwa 200.000 Dollar verdienen soll, viel lieber im Tourbus übernachtet als in teuren Hotels und mit blonder Perücke und Wollmütze vor den Konzerten mit dem Rad die Stadt erkundet. Sie erheitern sich an seinen linkischen Gesten auf der Bühne, ahmen lachend seine teilweise arg steilen, nicht immer gelingenden Phrasierungen nach, für die sie sich eigene Bezeichnungen ausgedacht haben (das „Wolfsgeheul" etwa, das „Knurren" oder das ziemlich unbeliebte „Upsinging", bei dem Dylan, egal, was da komme, die Stimme beim jeweils letzten Wort einer Zeile anhebt), und sie erinnern sich genauso gerne an seine schlechten wie an seine brillanten Konzerte.

Ja, man hat das Gefühl, sie betrachten Dylan wie einen etwas wunderlichen, nicht ganz koscheren Onkel, den man von Zeit zu Zeit gern sieht, weil man sich daran erfreut, dass sie dem alten Gauner immer noch nicht auf die Schliche gekommen sind, dass er weiterhin Haken schlägt und seine Verfolger abwimmelt, sich nicht in die Karten schauen lässt und in allem, was er tut, unberechenbar bleibt, kurz: von Jahr zu Jahr immer wieder ein anderer wird. Hier geht es nicht um die Stars gewöhnlich entgegengebrachte bedingungslose Idolatrie oder gar die Identifikation mit dem Idol – Dylan-Fans sind Komplizen, sie sind Teil des Geheimnisses und der Kraft, die dahinter steht, und sie sind – mehr oder weniger – darauf vorbereitet, dass ihnen öfter mal der Boden unter ihren Füßen weggezogen wird.

Wenn Rezensenten oder Dylan-Debütanten monieren, der Sänger stehe mit versteinerter Mine vor seinem Publikum, würdige es keines Blickes oder Wortes, richte nicht einmal ein „Hello" an die ausharrende Menge, verfremde, ja, entstelle seine Songs öfter mal bis zur Unkenntlichkeit und spiele Klavier, Orgel, Mundharmonika und Gitarre mit der Virtuosität und dem Enthusiasmus eines Vierjährigen, rollen seine Fans mit den Augen – „Oh Mann, darum geht's doch gerade!" Wer ein perfekt eingeübtes, nach den Maßstäben der Unterhaltungsindustrie inszeniertes Repertoire erwartet, ist bei einem Dylan-Konzert falsch aufgehoben.

2007 führte ich ein Interview mit dem amerikanischen Regisseur Todd Haynes, der mir von einer schweren persönlichen Krise Anfang des Jahrtausends erzählte. Er hatte einen Film über sein Herzensthema, die britische Glam-Rock-Ära, gedreht, den er schließlich selbst für einigermaßen misslungen hielt und der zudem an den Kinokassen floppte. Es schien, als habe er seine Karriere in eine Sackgasse manövriert, und er beschloss, seine Zelte in New York abzubrechen, um zu seiner Schwester an die Westküste, nach Portland, Oregon, zu ziehen. Er lud sein Hab und Gut in einen alten *Honda* und steckte für die lange Fahrt ein paar Kassetten mit Bob Dylans Gesamtwerk ein.

„Ich kann mir selbst nicht erklären, warum ausgerechnet Dylan", erzählte er mir. „Ich hatte ewig keine Platten mehr von ihm gehört. Vielleicht hatte es etwas damit zu tun, dass ich an die Westküste fuhr – dort bin ich nämlich aufgewachsen. Und Bob Dylans Musik ist für mich eng mit meiner Jugend verbunden. Einer Zeit der Veränderungen, Hoffnungen und Chancen. Wahrscheinlich habe ich in diesen Songs eine Bestätigung für erneute Veränderungen in meinem Leben gesucht. Niemand steht ja so sehr für die positive Kraft von Wandlungen und Erneuerungen wie Dylan."

Tatsächlich hat Dylan oft über Veränderung und Rastlosigkeit gesungen (schon die Songtitel deuten darauf hin: „The Times They Are A-Changing", „Like A Rolling Stone", „Gonna Change My Way Of Thinking") und sie am eigenen Leib, mehr aber noch am eigenen Werk, praktiziert. Seine Lieder bleiben durch all die besagten Umdeutungen und Umformungen, die er jeden Abend auf der Bühne vornimmt, ständig in Bewegung.

Haynes ließ sich durch seine von Dylan-Songs begleitete Reise quer durch die USA schließlich zu seinem Film „*I'm Not There*" inspirieren, in dem er gleich sechs Schauspieler – u. a. Cate Blanchett und Richard Gere, aber auch den afroamerikanischen Teenager Markus Carl Franklin – einsetzte, um sieben Figuren zu verkörpern, die jeweils eine Facette oder Phase des Dylan'schen Werkes symbolisierten: den jugendlichen Landstreicher Woody, den Dichter Arthur, den Protestsänger Jack, den androgynen Beatnik Jude, den Ehemann und Familienvater Robbie, den Priester John und den Westernhelden Billy.

Ein schöner dramaturgischer Kniff natürlich, der aber in die Irre führt, denn genau genommen ist es ja nur eine einzige Rolle, in die der junge Robert Zimmerman am Anfang seiner Karriere schlüpfte, und die heißt eben Bob Dylan. All die radikalen

Veränderungen sind mit diesem Namen und diesem Gesicht verbunden, er verschwand nicht, wie etwa David Bowie, hinter aufgemalten Masken und fantastischen Gestalten wie Ziggy Stardust, Halloween Jack oder dem Thin White Duke. Selbst als er in seinem Film *„Renaldo And Clara"* von 1978 den Namen der männlichen Titelfigur annimmt und hinter einer Maske verschwindet, ist diese durchsichtig und man kann durch sie hindurch auf denjenigen schauen, der sich Bob Dylan nennt. Hier geht es also nicht um Verkleidung und Rollenspiel, sondern um Selbsterschaffung.

„Ein Amerikaner zu sein", hat der US-Kulturwissenschaftler Leslie A. Fiedler geschrieben, bedeute „sich ein Schicksal vorzustellen, statt eines zu erben." Man könnte Dylan einen amerikanischen Lebenskünstler nennen, der das Leben als Kunstform begreift, es nach seinen Interessen und Intuitionen inszeniert, narrativ durch allerlei Äußerungen unterfüttert und allen Wandlungen so eine Wahrheit und existenzielle Dringlichkeit verleiht. Dabei scheint er – zumindest in den Augen vieler Fans – die verschiedenen über die Jahre gezeigten Facetten seiner Persönlichkeit nicht etwa wie einen zerschlissenen Mantel abzulegen, sie sind vielmehr jederzeit abrufbar und existieren nebeneinander, wenn er beispielsweise im Konzert nacheinander „Blowin' In The Wind" aus den frühen Sechzigern und „Shelter From The Storm" aus den mittleren Siebzigern singt oder das erhabene „Every Grain Of Sand" von 1983 auf das rachsüchtige „Pay In Blood" von 2012 folgen lässt.

Der US-Autor Jonathan Lethem beschrieb nach einer persönlichen Begegnung mit Dylan sehr anschaulich, wie sich im Gesicht des Sängers verschiedene, über die Zeit verkörperte

Versionen der Dylan-Persona verdichteten und umschlössen. Dort träfe sich „ein 65-Jähriger mit einem 19-Jährigen, der irgendwo in seinem Inneren herumtollt. Vor allem aber ist es die Färbung seiner Sprechstimme, in der sich die Zeit wie in einem Kaleidoskop bricht." Aus dieser Perspektive gesehen ist diese Figur eher vielschichtig als wechselhaft.

Haynes deutet diese ständige Präsenz aller Facetten von Dylans Persönlichkeit in der Struktur seines Films zumindest an. Die Episoden sind ineinander verschachtelt und die Rollen des Protestsängers und des Pfarrers hat er mit demselben Schauspieler, Christian Bale, besetzt. „I'm Not There" wurde schließlich ein Erfolg, vor allem Cate Blanchett bekam eine Menge Lob für ihr Porträt eines Flüchtigen. Todd Haynes war dem Dylan-Prinzip gefolgt, hatte sich selbst erneuert und wurde dafür belohnt.

Etwa einen Monat nach dem Interview mit dem Regisseur lag mein Privatleben unvermittelt in Scherben, und ich war von einem Moment auf den anderen quasi obdachlos und allein – „with no direction home, like a rolling stone", wie Dylan in einem seiner bekanntesten Lieder singt. Doch der Song, der auf mich in dieser Zeit eine Art therapeutische Wirkung hatte, den ich wieder und wieder hörte, manchmal bestimmt dreißigmal am Tag, der mir die Angst vor der Ungewissheit nahm, wie es nun weiter gehen würde, der mich aufrichtete und geradezu euphorisch werden ließ, war ein anderer. Es waren vor allem folgende Zeilen aus „Things Have Changed", die mich trafen:

„People are crazy and times are strange
I'm locked in tight, I'm out of range
I used to care but things have changed."

Ja, Bobby, du hast Recht, so muss man's sehen. Was gehen mich die verrückten Leute an und die komischen Zeiten? Ich bin weit weg von all dem, mir kann nichts passieren. Das Lied, das Dylan für Curtis Hansons Film „Wonder Boys" schrieb, wurde zur Selbstvergewisserung, einer Art innerem Mantra, bei allem, was ich tat. Es hilft, die Perspektive zu wechseln, um die eigene Welt zu verändern.

Womit wir bei „Blood On The Tracks" wären, dem Album für emotionale Krisen schlechthin. In einem scheinbar privaten Interviewmoment hat Bob Dylan erzählt, seine erste Ehe sei zu Bruch gegangen, nachdem er Zeichenunterricht bei einem alten Mann namens Norman Raeben genommen hatte. Der jüngste Sohn des jüdischen Schriftstellers Scholem Alechejem, der in einem Atelier über der New Yorker Carnegie Hall arbeitete, hätte seinen Blick auf die Dinge und sein Denken dermaßen verändert, dass seine damalige Ehefrau Sara ihn danach plötzlich nicht mehr verstanden habe.

Man weiß natürlich nicht, wie viel Wahrheit in dieser Geschichte steckt, sehr wahrscheinlich handelt es sich wieder um eines dieser Dylan'schen Gleichnisse, das verhüllt, „was ihn zuinnerst betrifft". Er schrieb über diese Erfahrung jedenfalls einige seiner besten Songs, die er auf besagtem „Blood On The Tracks" – Blut auf den Spuren – zusammenfasste. Dieser Fährte können wir folgen, und auch wenn wir niemals auf denjenigen stoßen werden, der dieses Blut vergossen hat, können wir aus ihr doch lernen, dass man weitergehen muss, egal welche Wunden das Leben einem zufügt. „But me, I'm still on the road / Headin' for another joint", klingt es in einem der Songs wettergerbt aus den Boxen, und man ist gleich bereit, seinen Rucksack zu packen und aufzubrechen – so wie der Schriftsteller Wolfgang Büscher, der einmal berichtete, Dylans Lied über den amerikanischen Süden, „Blind Willie McTell", sei der eigentliche Grund für seine lange Wanderung von Berlin nach Moskau gewesen, deren famose Schilderung schließlich zum Bestseller wurde.

„Dylan schlug den Ton an, den ich so sehnlich erwartet hatte, ohne ihn im Entferntesten benennen zu können, einen Ton, der eine Gabe sein konnte, ganz und gar unverdient", schrieb er im *Rolling Stone*. „Es war der Soundtrack meiner Reise, bevor sie begann. Indem es vom amerikanischen Süden sang, distanzierte es mich vom Osten, hüllte mich in eine zweite poetische Haut, und zugleich tauchte es mich kopfüber ein in den blutig-schönen Morast. Märtyrer und Magnolien, das alles würde doch in der Luft liegen und in der blutigen Erde – dort, wohin ich im Sommer 2001 ging."

Für viele ist dieser reisende Mythenbeschwörer, der sich Bob Dylan nennt, ein ständiger Wegbegleiter, ein imaginärer bester Freund geworden, der auch in der dunkelsten Stunde Hoffnung gibt, dass alles anders werden kann, wenn wir den Mut haben, uns selbst zu verändern und auf den Weg zu machen. Das klingt jetzt ein bisschen sehr nach Kirchentagsrede, aber wie sollte es auch anders sein, wenn man versucht, die Metaphysik mit dem Alltag kurzzuschließen?

Mit der realen Person, mit dem am 24. Mai 1941 in Duluth, Minnesota geborenen Robert Allen Zimmerman also, der seinen Namen im November 1962 offiziell in Bob Dylan änderte und Details über sein Privatleben im Verborgenen hält wie kaum ein anderer, hat dieser uns so vertraute Begleiter allerdings herzlich wenig zu tun. Die beiden sind nicht einmal am selben

Tag geboren. Auf dem Umschlag des Begleitbuchs zu einer Raritätensammlung ist ein Pass von „Robert Dylan" abgebildet, auf dem zu lesen ist, er sei knapp zwei Wochen vor Robert Zimmerman geboren, nämlich am 11. Mai 1941. Die Kunst ist dem Leben immer ein wenig voraus. Doch wenn man in einer der unzähligen Biografien nach diesem Bob Dylan sucht, stößt man immer wieder nur auf die Spuren von Robert Zimmerman, man watet wie A. J. Weberman durch Berge hinterlassenen Unrats und findet nur ab und zu einen – oft entzaubernden – Hinweis auf den weisen Trickser und Herumtreiber, den ich und so viele andere über die Jahre so lieben gelernt haben, der einem alles besorgen und sich in seinem eigenen Schatten verstecken kann.

Daher beschloss ich, mich für dieses Buch auf die Suche nach ihm zu machen. Doch wo sollte ich diesen Mann finden?

Kapitel 1

DER HIGHWAY 61 BIS BIELEFELD

Es gibt viele Orte, an denen der Bob Dylan, den ich suchte, sich aufhalten konnte. Ganz im Norden der USA etwa, in Minnesota, wo er als Nachfahre deutsch-ukrainisch-jüdischer Immigranten seinen Ursprung hat und die Geister seiner Jugend an Regentagen um die Great Lakes und in den Bergen um seinen Geburtsort Duluth spuken, wie es in einem Lied heißt. Oder achtzig Meilen entfernt in einem kleinen, 1893 von dem im niedersächsischen Walsrode geborenen Frank Hibbing gegründeten und nach ihm benannten Städtchen, mitten im riesigen Eisenerzgebiet des Mesabi Iron Range. In diesem Kaff, das man – wie Dylan später scherzte – vermutlich auf keiner Karte finden konnte, verbrachte Robert Zimmerman seine Kindheit und Jugend. „Man konnte kein Rebell sein", erzählte Dylan später über seine Zeit dort. „Es war einfach so kalt, dass man nicht bösartig oder rebellisch sein konnte. Das Wetter macht sehr schnell alles und jeden gleich. Niemand hätte da wirklich einen Aufstand gewagt. Es gab wirklich keine Philosophie ... keine Ideologie, gegen die man hätte sein können."

Roberts Vater Abe, einst ein talentierter Baseballspieler, arbeitete hier, nachdem er an Kinderlähmung erkrankt war und seinen Job bei John D. Rockefellers *Standard Oil* verloren hatte, mit seinen beiden Brüdern in einem kleinen Elektroladen an der Hauptstraße, doch der Sohn interessierte sich kaum fürs Geschäft, war fasziniert von den Schaustellern und Zirkusleuten, die in Hibbing Halt machten. „Es gab da diesen Jahrmarktschreier", erinnert sich Dylan „Wir haben ein Pferd mit zwei Köpfen! Ein Huhn mit einem Menschengesicht! Schaut euch den Mädchenjungen an!' Man sah Typen mit schwarz geschminkten Gesichtern. Seltsame Dinge wie bei Shakespeare. George Washington mit schwarzem Gesicht … oder Napoleon."

Hier begegnete er auch dem Wrestler Gorgeous George – „ein großer Geist. Man sagt, er habe die Größe eines Volkes besessen", schrieb Dylan in seinen Memoiren. Dieser Hüne mit blonden Locken, goldenem Cape und Augen, in denen das Mondlicht blitzte, sei auf ihn zugekommen und habe gesagt: „Du machst die Musik lebendig." Zu lebendig vielleicht. In der Schulaula drosch Robert bei einem Talentwettbewerb mal so lange auf ein Klavier ein, bis der Direktor den Vorhang fallen ließ.

Vielleicht konnte ich Dylan auch irgendwo auf dem Highway 61 finden, der an der kanadischen Grenze beginnt und längs durch die USA, vorbei an Elvis Presleys Heimatstadt Memphis, bis ins Mississippi Delta nach New Orleans führt. Viele Bluesmusiker fuhren auf ihm, um vom Süden nach Chicago zu kommen. Die ganze amerikanische Kultur, die der junge Robert aufsaugte, kam aus dieser Richtung. Dort, wo der Highway 49 den 61er kreuzt, hat Robert Johnson seine Seele an den Teufel verkauft, nördlich von Clarksdale kam die Sängerin Bessie Smith, „the Empress of Blues", bei einem Unfall ums Leben. „Für mich hat es sich so angefühlt, als hätte ich auf ihm begonnen,

wäre immer auf ihm gewesen und könnte von ihm überall hin-
kommen", hat Dylan mal gesagt. In seinem Song „Highway 61
Revisited" singt er davon, wie Gott Abraham befiehlt, seinen
Sohn Isaak dort zu töten. Nur logisch, dass der jüdisch erzogene
Sänger die Geschichte des israelischen Stammvaters an die
Lebensader verlegte, die ihn mit den Mythen des amerikanischen
Südens verband.

Oder, so dachte ich weiter, dieser Dylan befährt gerade eine
andere legendäre Straße, die Route 66. Vermutlich in der Nähe
von Gallup, New Mexico, wo er – wie er dem Journalisten Robert
Shelton erzählte, der unter dem Pseudonym Stacey Williams den
Begleittext zu seinem ersten Album schrieb – kurz gelebt hat.
Gallup war einst Heimat vieler Indianerstämme, und John
Sturges und Elia Kazan haben dort Western gedreht. Das klang
natürlich viel aufregender als die kleinbürgerliche Existenz der
Zimmermans in Hibbing, Minnesota. Genauso wie Central City,
Colorado, eine Weile Heimat von Poker Alice, der berühmtesten
Pokerspielerin des amerikanischen Westens, dort hatte Dylan,
so gab er zu Protokoll, sein erstes Engagement als Sänger – in
einer Striptease-Bar!

Dylans Geschichte ließe sich wohl tatsächlich am besten
als eine Landkarte darstellen. Die entscheidenden Momente und
Wendepunkte sind alle mit einer Reise, einer Straße oder einem
Ort verbunden. So machte er sich im Februar 1964 gemeinsam
mit seinem treuen Assistenten, dem ehemaligen Schauspieler
Victor Maymudes, dem homosexuellen und lange Zeit in ihn
verschossenen Folksänger Paul Clayton und dem Journalisten
Pete Karman auf einen Trip, von dem er als ein anderer zurückkam. In einem blauen Ford Combi fuhren sie cross country wie

28

die Protagonisten in Jack Kerouacs „*On The Road*" – von New York nach San Francisco. Maymudes saß am Steuer, Clayton besorgte die Drogen, Karman spielte für Dylans Freundin Suze den Anstands-Wauwau und der so Bewachte und Versorgte saß auf der Rückbank und ließ sich vom Blick aus dem Fenster zu Songs wie „Mr. Tambourine Man" und „Chimes Of Freedom" inspirieren.

Es war eine Fahrt ins Herz des Landes. In Harlan County, Kentucky, trafen sie streikende Minenarbeiter und die Folksänger Frank Hutchinson und Roscoe Holcomb, sie besuchten die Geburtsorte von Tom Wolfe und Jimmie Rodgers und den Dichter und Historiker Carl Sandburg, teilten sich zu viert ein Hotelzimmer im zur Zeit der Mardi Gras Season überbuchten New Orleans und fuhren in Dallas die Straße entlang, auf der John F. Kennedy drei Monate zuvor erschossen worden war. Und als die vier nach einem Konzert in Denver die Stadt verließen, lief im Autoradio „I Want To Hold Your Hand" von den *Beatles*. Die wilde Unmittelbarkeit dieser Musik traf Dylan wie ein Blitzschlag. Sangen sie nicht „I get high, I get high"? (Nein, sie sangen „I can't hide, I can't hide", aber das erfuhr er erst später.) Das war irre! Die Folkszene kam ihm plötzlich wie ein sehr alter Hut vor – er beschloss, mit einer heißen Band im Rücken dieser aufregenden neuen Musik zu folgen. Ein Jahr später jagte er in Newport, Rhode Island, den Folk in die Luft, als er seine Gitarre beim dortigen Festival an einen Verstärker anschloss.

Fast auf den Tag genau zwölf Monate später beendete er das Pop-Abenteuer etwa 100 Meilen nördlich von New York in den Catskill Mountains an einem anderen mythischen Ort: Woodstock. Am 29. Juli 1966 verunglückte Dylan nahe des

Künstlerstädtchens mit seinem Motorrad, einer *500cc Tiger T-100 Triumph,* um danach ein Eremitendasein zu führen und mit den Freunden aus seiner Tourband Lieder aus der Landluft zu fischen, die klangen, als redete er mit Geistern der amerikanischen Vergangenheit. Als man ihm das Hippiespektakel des Woodstock-Festivals vor die Haustür setzte, floh er.

Ende der Siebziger warf jemand in San Diego ein silbernes Kreuz auf die Bühne, Dylan hängte es sich um den Hals, fand Gott, schloss sich der neu-evangelikalischen Erweckungsbewegung an, und man sagte, er wäre nun ein – wie passend – Born-Again Christian. Zehn Jahre später hatte er auf der Piazza Grande im schweizerischen Locarno eine weitere Epiphanie, die ihn nach Jahren der Irrungen und Wirrungen zum fahrenden Bluessänger machte, der seitdem auf einer niemals endenden Tournee die Welt umrundet.

Ich sah ihn 1995 das erste Mal in der Stadthalle von Bielefeld – für mich seitdem ebenfalls ein mythischer Ort –: einen knurrenden halbseidenen Conferencier im gelben Seidenhemd. Als zwei Jahre später *„Time Out Of Mind"* erschien, sah ich genau diesen Typen vor mir, wie er durch verlassene Straßen geht und dabei Fragmente alter Bluessongs rezitiert, als könnten sie ihm den Weg weisen. Das ganze Album ist eine Landkarte. Der Sänger läuft durch New Orleans und Missouri, war davor in London und „gay Paree", die Winde aus Chicago haben ihn am „Cold Irons Bound", seiner Kindheitslandschaft, in Fetzen gerissen, und am Ende landet er vollkommen desolat in Boston, der Stadt also, in der der amerikanische Kampf um Unabhängigkeit einst begann, und versucht in einem Café mit einer langbeinigen Kellnerin zu flirten („It takes two to tea party", denkt er wohl), doch das gelingt ihm nicht so recht. Die beiden reden aneinander vorbei wie in einem Stück von Harold Pinter. Dann stiehlt der Sänger sich davon und fragt sich wohl, ob dieser Ort, an dem Amerika einst begann, tatsächlich der richtige für einen Neuanfang sein kann.

In meiner Dylan-Landkarte steckten also ziemlich viele kleine Fähnchen, doch der Ort, der mir schließlich am geeignetsten schien, um meine Fahndung zu beginnen, war New York – eine Metropole, die ebenso wie der Bob Dylan, den ich suchte, aus den Mythen und Geschichten zusammengesetzt ist, die wir uns von ihr erzählen.

Als ich einmal mit einer fotobegeisterten Freundin ein paar Tage in dieser Stadt verbrachte, gab sie mir, der lieber in Erinnerungen schwelgt als sie von Bildern zerstören zu lassen, eine Einweg-Kamera in die Hand: „Ich will sehen, wie du New York siehst", sagte sie, und einer solch romantischen Bitte konnte ich mich nicht entziehen. Ich ging also durch die Straßen und knipste. Die Bilder, die ich, zurück in Berlin, in einem Drogeriemarkt entwickeln ließ, und ihr anschließend per Post zuschickte, zeigten ausschließlich Zeichen – Straßen- und Klingelschilder, Hausnummern, Leuchtreklamen für Hotels und Restaurants. Mit allen verband ich eine Geschichte – die Fotos verwiesen auf die Straße, wo sich das Studio von *Sonic Youth* befand oder auf einen Platz, der einem Henry-James-Roman seinen Namen gegeben hatte. Das Diner, in dem der Film *„Broadway Danny Rose"* beginnt, das Apartment von Jack Lemmon in Billy Wilders *„The Apartment"* und der Ort, an dem Philip Roths Held Nathan Zuckerman dinierte – sie alle kamen auf diesen Bildern vor, ohne dass man sie wirklich sah.

Vielleicht, so dachte ich, würde ich auf einem der Fotos auch einen Anhaltspunkt für den Ort finden, an dem der Bob Dylan, den ich suchte, sich aufhielt. Ich entdeckte das Schild des „Chelsea HOTEL"; dort hatte er Mitte der Sechziger mal residiert, und die beiden Straßenschilder Ecke West 4th Street/ Jones Street, wo das Cover seines Albums „*The Freewheelin' Bob Dylan*" aufgenommen wurde, die Nummer 94 an der MacDougal Street, wo A. J. Weberman die Mülltonnen durchwühlt hatte, einen Wegweiser, der zur Mermaid Avenue in Coney Island führte, der letzten Adresse von Woody Guthrie, den Dylan in New York hatte besuchen wollen, als er im Winter 1961 von Minnesota Richtung Ostküste aufgebrochen war. Dann hielt ich inne.

In der Hand hielt ich ein Foto, zu dem mir keine Geschichte einfiel. Eine sich grau in der schwarzen Nacht abzeichnende Straße, gesäumt von Häusern und vereinzelten Bäumen. Hinter einem lugte eine rote Neonschrift hervor, die sich nur schwer entziffern ließ. Ein Wort, sieben Buchstaben. Ich kramte mein Mobiltelefon heraus, wählte die Lupen-App und konnte nicht glauben, was ich dort las. „Catfish" stand dort. Darunter zeichneten sich die Schemen eines blechernen Fisches mit drei langen geschwungenen Barteln ab.

Das konnte kein Zufall sein. Im Internet fand ich heraus, dass es sich um das Schild eines Restaurants handelte, das sich in der Bedford Avenue in Brooklyn befand. Vielleicht würde ich ihn dort finden, den alten Trickser. Mannis Geschichte hatte mich schon einmal zu ihm geführt, warum sollte sie es nicht wieder tun? Den Versuch war es wert, auch wenn ich nicht wusste, ob Dylan auf „authentic Cajun flare" stand, denn damit warb das Catfish.

Kapitel 2

WHO'S BAD?

Im Flugzeug holte ich nach dem Start David Daltons *„Who Is That Man? – In Search of the Real Bob Dylan"* aus meinem Rucksack. Die Zahl der Dylan-Biografien geht ja ins Unermessliche. Einerseits vielleicht, weil so viele Autoren davon träumen, das Geheimnis dieses berühmten Mannes aufzudecken, und anderseits, das vermute ich zumindest, weil ein großer Reiz darin bestehen kann, sich schreibend ein Werk zu erschließen, das so sehr von der Sprache lebt.

Daltons Buch hatte mich vor allem interessiert, weil ich den Autor schon von etlichen schlauen Artikeln über Musik und Film und einem Buch über James Dean kannte – er pflegte eine Art 60s-Hipster-Slang, der dem Dylan'schen nicht ganz unähnlich war. Es gab da also eine ästhetische Nähe zwischen dem Autor und dem Gegenstand seiner Betrachtung. Vielleicht war Dalton daher tatsächlich prädestiniert, die Antwort auf die im Titel gestellte Frage zu geben. Auch er schien, soviel hatte ich im Buchladen schon lesen können, Dylan als Trickser mit vielen Gesichtern zu verstehen und orientierte sich in seiner Biografie mehr am Werk als an der Lebensgeschichte seines Schöpfers.

Der Mann in Businessklamotten, der auf der anderen Seite des Ganges saß, versuchte einigermaßen unauffällig auf meine Lektüre zu linsen. Ich klappte das Buch zu und zeigte ihm das Cover. Er war ein paar Jahre älter als ich, Mitte vierzig vielleicht, übergewichtig, mit einem leichten Doppelkinn. Ein bisschen erinnerte er an den jüngst verstorbenen Schauspieler Philip Seymour Hoffman in Sidney Lumets *„Before The Devil Knows You're Dead"*.

„Mögen Sie Dylan?", fragte ich auf Deutsch und und schickte vorsichtshalber die englische Übersetzung gleich hinterher.

„How do you mean?", fragte er dann auch tatsächlich in breitem Amerikanisch.

„Na, seine Musik, seine Texte … waren Sie schon mal auf einem Konzert?"

„Ich bin amerikanischer Staatsbürger, und ich bin stolz darauf", sagte er. „Ich habe mit diesen … Anarchisten nichts am Hut."

„Anarchisten? Ich sprach von der Musik."

„Haben Sie schon mal von den *Weatherman* gehört?", fragte er und beugte sich dabei, beide Ellenbogen auf der Armlehne aufgestützt, über den Gang.

„Diese Untergrundorganisation aus den Sechzigern, meinen Sie? Die …"

„Die Bombenanschläge auf Regierungsgebäude verübt hat, ganz genau", vervollständigte er ungeduldig.

„Habe ich schon mal von gehört, ja. Antiimperialisten."

„Leninisten. Ach was, Stalinisten, Staatsfeinde! Und nach wem haben die sich benannt?" Er zeigte auf mein Buch.

„‚*You don't need a weatherman to know which way the wind blows'*, ich weiß, eine Zeile aus Dylans ‚Subterranean Homesick Blues'."

„Finden Sie das okay?"

Ich überlegte, wie ich dem Gespräch entkommen konnte, aber mir schien das in diesem engen Flugzeug unmöglich, und

so wie ich es nie schaffe, die Zeugen Jehovas einfach wegzu-
schicken, wenn sie an meiner Tür klingeln, dazu bin ich wohl
auf ungeschickte Weise zu höflich, ließ ich mich auch auf diesen
Herrn ein. „Man kann aus dem Text keinen Aufruf zur Gewalt
ableiten", entgegnete ich. „Höchstens einen Aufruf zum Denken."

„Man kann auch das Falsche denken."

„Aber ist denken nicht allemal besser, als nicht denken?"

„Aber nicht, wenn man mit dem Kommunismus sympathi-
siert und mit dem Teufel im Bunde ist."

Die Stewardess schob den Getränkewagen zwischen uns.
Ich bestellte einen Kaffee. Als die Dame weiterzog, hatte mein
Gegenüber einen Tee in der Hand.

„Kennen Sie Dylans CD ‚Love Thieves'?", fragte er.

„Sie meinen „*Love And Theft*"? Das Album?"

„Ja, genau. Das ist am 11. September 2001 erschienen, richtig?"

„Ist das so?"

Er nickte mit Nachdruck. „Und was singt Dylan auf der CD?"

„Keine Ahnung, was Sie meinen. Er singt 'ne ganze Menge
auf der Platte."

„Er singt: ‚Osama days, Osama nights are gone'."

„Soviel ich weiß, singt er: ‚*Summer days, summer nights are
gone*'."

„Dann wissen Sie eben zu wenig, um nicht zu sagen: nichts!
Singt er nicht auch: ‚*I'm leaving in the morning as soon as the
dark clouds lift*'?"

„Äh, das kann schon sein. Ich hab das nicht alles ..."

„Und was meinen Sie, welche dunklen Wolken er meint, wenn
er das in einem Lied singt, das am 11. September 2001 erschienen
ist?"

„Sie meinen, er ist ein Prophet?"

„Nein, das meine ich ganz und gar nicht. Ich meine, er steckt mit denen unter einer Decke. Er ist ein Mittäter. Am Ende des Liedes heißt es nämlich ‚Gonna break the roof in – set fire to the place as a parting gift‘. Das ist ja wohl eindeutig. Er hat sich endgültig abgewandt von Amerika. Von dem Land, in dem er geworden ist, was er heute ist: ein reicher Mann!"

„Aber das ist doch nur ein Song."

„Nur ein Song? Das war ein Anschlag! Ein zweites Pearl Harbor! Wenn Sie die Frage hier beantwortet haben wollen", er lehnte sich über den Gang und tippte auf das Buch, das mittlerweile vor mir auf dem Ausklapptisch lag, „dann sollten Sie vielleicht mal beim FBI nachfragen. Ich bin mir sicher, die wissen schon mehr."

„Danke für den Tipp", sagte ich und grinste. Er schaute mich aufgebracht an. Von Leuten, die CD sagen, wenn sie „Album" meinen, sollte man Abstand halten. Mir schien das in diesem Moment tatsächlich eine größere Verfehlung als der ganze andere Mist, den er von sich gegeben hatte. Denn wie bei jeder Verschwörungstheorie war das unterdrückte Wissen mindestens so wichtig wie das vorgebrachte, angeblich belastende Material. Aber diese Diskussion mit ihm zu führen, wäre selbstverständlich genauso sinnlos gewesen wie einem Paranoiker zu erklären, er bilde sich nur ein, verfolgt zu werden. Die ganze Sache hatte sogar eine gewisse Komik – was mir auf die Laune schlug, war jedoch der Gedanke, dass dieser Mann kein Einzelfall war. Ich tröstete mich damit, dass ich Leuten seiner Gesinnung zumindest dort, wo ich mich auf die Suche begeben wollte, nicht allzu oft begegnen würde.

Zu meiner Erleichterung war der Mann dann auch sehr bald eingenickt und schnarchte leise vor sich hin. Vielleicht träumte er von Popstars, die sein Land mit ihren Liedern zerstörten, von einem riesigen Michael Jackson, der in Princes purpurnem Regen, wie King Kong auf der Spitze des Empire State Buildings stehend, sang: *„Cause this is thriller, thriller night / And no one's gonna save you from the beast about to strike.“*

So hatte ich endlich Zeit, in meinen Dalton hineinzuschauen. Im Prolog schildert der Autor eine Begegnung mit Bob Dylan an einem heißen Julinachmittag in einem Brownstone Apartment an der Upper West Side. Der Sänger suchte etwas, das er zusammen mit seinem surrealen Film über seine Englandtour von 1966, *„Eat The Dokument“*, im Kino zeigen konnte, und Dalton hatte seinem Manager Les Blanks Dokumentation über den Bluessänger Lightnin' Hopkins vorgeschlagen, die Dylan sich nun anschauen wollte. Wie ein Schlafwandler sei er in den Raum spaziert, zum Film habe er aber nach der kurzen Vorführung nichts gesagt, stattdessen nur gefragt: „Who's the architect of this houuuuse?“

„Er sprach so wie er sang“, erinnert sich Dalton, „sich an die Silben lehnend, wie ein Cowboy sich vielleicht an eine Bar lehnte. Ich erstarrte. Er konnte das nicht wörtlich meinen, oder? Dylan war ja immerhin Dylan und so weiter. Natürlich nicht. Das war ein Code, eine allegorische Frage.“

Was für ein wundervoller Einstieg! Das nächste Kapitel begann damit, dass jemand ein Bootleg anbot – nicht irgendein Bootleg, sondern eines von Bob Dylans Gehirn. Wäre toll, wenn es so etwas wirklich gäbe, fuhr Dalton fort, wenn man auf diese Weise herausfinden könne, was Dylan denke und *meiiiiiine.*

Doch in seinen Neokortex könne man nun mal leider nicht hineinschauen, und so blieben uns nur seine Äußerungen. „Seine Erfindungen sind der profundeste, interessanteste und authentischste Teil seiner Persönlichkeit", schreibt er ein paar Absätze später. „Wie Don Quixote scheint er aus seiner eigenen Fabel spaziert zu sein."

Ich war, da schien mich meine Fluglektüre zu bestätigen, auf dem richtigen Weg. Mehr brauchte ich im Augenblick nicht zu wissen. Vielleicht würde ich Daltons Buch nach meiner Rückkehr zu Ende lesen.

Kapitel 3

CATFISH

Transatlantikflüge sind immer ermüdend, und kaum etwas ist so nervenaufreibend wie der amerikanische Zoll. Aber wer glaubt, sich danach einfach in ein Taxi setzen zu können und unbehelligt dort anzukommen, wo er hin will, der irrt gewaltig. Zunächst folgte ich treuherzig den „Exit"-Schildern, nur um zu erkennen, dass ich schließlich wieder am selben Gate ankam, an dem ich meine Flughafen-Odyssee begonnen hatte. Ein zweiter Gang brachte das gleiche Ergebnis. Erst als ich beim dritten Versuch eines der Schilder ignorierte, gelangte ich aus dem Gebäude hinaus an eine Art Lieferantenzufahrt. Von dort aus umrundete ich den Komplex, sah nach etwa einer Viertelstunde Fußweg endlich einen Taxistand. Der Fahrer, der mich schließlich nach Brooklyn brachte, war, wie er mir sehr bald berichtete, eigentlich der Sänger einer persischen Black-Metal-Band, an deren Namen ich mich allerdings nicht mehr erinnern kann. Auch ein erster Höreindruck, den er mir ungefragt gewährte, hinterließ keinen bleibenden Eindruck in meinem übermüdeten Gehirn.

Mein Hotel befand sich, wie ich nach Ankunft verstört feststellte, zwar an derselben Straße wie das *Catfish,* aber in einem anderen Stadtteil, etwa vier Meilen entfernt. Neben meinem fensterlosen Zimmer befand sich, dem Geruch nach zu urteilen, eine chinesische Garküche. Vor dem *Bedford* marschierte etwa ein Dutzend uniformierter greiser Männer mit der Flagge der Konföderierten vorbei. Einigen von ihnen fehlte ein Arm, anderen ein Bein, einer fuhr auf einem Hochrad, ein anderer saß in einem Rollstuhl und jonglierte einarmig drei Bälle, die aussahen wie Weltkugeln. Die durchtrainierte Frau mittleren Alters, die mich mit der Fahrrad-Rikscha von Williamsburg zum Restaurant in Prospect Heights kutschierte, war aller Wahrscheinlichkeit nach ein transsexueller Mormone.

Wenn man in New York ist, muss man solche Kuriositäten nicht erfinden, sie passieren einfach, weil die Stadt sie sich ganz von alleine ständig ausdenkt. Sie ist aufs Erzählen programmiert. So erschafft sie sich selbst.

Das *Catfish* war der erste Ort auf meiner Reise, der genauso war, wie ich es erwartet hatte: ein kleines, schummrig beleuchtetes, schlauchartiges Lokal mit roten Ziegelwänden und schweren Balken unter der Decke. An diesem Abend waren alle Tische besetzt, und zwischen den Gesprächsfetzen schlängelte sich eine Fiddle hindurch, die zum Tanz spielte. Die Melodie erkannte ich sofort. Das Stück hieß „La Danseuse". Gespielt von Delma Lachney, begleitet von Blind Uncle Gaspard. Die Aufnahme stammte aus den Zwanzigerjahren. Der Beatnik Harry Smith hatte den Song aus der fernen Südstaatenvergangenheit Mitte der Fünfziger für allezeit vor dem Vergessen bewahrt, als er seine alte Sammlung von Schellackplatten auf modernes Vinyl pressen ließ und unter dem Titel *„Anthology Of American Folk Music"* veröffentlichte. Die Sammlung wurde eine Art Gebetbuch für junge Folkies aus dem Greenwich Village wie Dave Van Ronk, Phil Ochs, Tom Paxton – und Bob Dylan.

An der Theke war noch ein Platz frei. Strategisch kein schlechter Ort, um alles im Blick zu haben. Ich bestellte bei der in die Jahre gekommenen Barfrau im *Allman Brothers*-T-Shirt

ein Baguette mit Roast Beef und Salat, das auf der Karte „Po'
Boy" hieß, und einen Cocktail aus Rum, Zimt, Zucker und Sahne,
den sie hier „Hurricane" nannten. Der würde mich wieder wach
machen. In Deutschland war es jetzt drei Uhr morgens. Ich musste noch ein bisschen durchhalten, um den Jetlag zu bezwingen.
Der Alkohol stieg mir schnell zu Kopf, zu schnell vielleicht –
nach dem zweiten „Hurricane" merkte ich bereits, wie alles um
mich herum langsam unschärfer wurde und bei jeder Bewegung
vor meinen Augen leicht hin und her schunkelte. Ich brauchte
frische Luft und beschloss, die vier Meilen zum Hotel zu laufen.
An diesem Abend, so dachte ich, konnte ich eh niemanden mehr
ansprechen.

Als ich vom Barhocker stieg, öffnete sich die Tür und einer
dieser Rosenverkäufer, wie sie auch bei uns abends durch die
Kneipen tingeln, kam herein. Ich beachtete ihn nicht weiter,
doch als ich, um einen geraden Gang bemüht, an ihm vorbei
zum Ausgang strebte, bemerkte ich, dass es keine Rosen waren,
die er verkaufte. Die Blüten wirkten nur durch das gedimmte
Licht rötlich, waren aber eigentlich weiß. Mein Blick landete auf
der verspiegelten Sonnenbrille des Verkäufers, in der man die auf
den Tischen stehenden Kerzen und die aufeinander einredenden
Gäste sehen konnte. Er zog die linke Augenbraue hoch und
flüsterte: „Smell that sweet magnolia blooming."

Selbst bei dieser Lautstärke klang seine Stimme wie das
Krächzen eines Greises. Dabei war der Mann vermutlich etwa
in meinem Alter, Ende dreißig. Ein dünnes Menjou-Bärtchen
spross unter seiner prägnanten Nase, er trug einen weißen
Anzug, auf seinem Kopf saß etwas schräg ein leicht vergilbter
Trilby. Es mag am Alkohol gelegen haben oder an meiner

Müdigkeit, aber für mich war das in diesem Moment ohne Frage der Bob Dylan, den ich suchte, der Trickser und Herumtreiber, den Manni mir vor über zwanzig Jahren beschrieben hatte. Mit einem Schlag war ich wieder wach, und zugleich erzeugte der Alkohol, der durch meine Blutbahn zirkulierte, jenen Mut, der notwendig war, um den Fremden anzusprechen.

„Bist du Bob Dylan?"

Natürlich die denkbar dümmste Frage, um den Mann, der sich nicht fassen ließ, zu stellen. Mein Gegenüber verzog sein Gesicht wie unter Schmerzen.

„Wer?", fragte er.

„Du", sagte ich.

„Was?", fragte er.

„Bist du Bob Dylan?"

„Was ist denn das für eine Frage? Würdest du Lady Gaga auch so eine Frage stellen?"

„Äh, nein."

„Warum nicht?"

„Erstens, weil ich sie durchaus von Bob Dylan unterscheiden kann – Verkleidung hin oder her – und zweitens, weil sie mich nicht sonderlich interessiert."

„Hast du mal mit ihr gesprochen?"

„Nein."

„Woher willst du wissen, dass sie dich nicht interessiert, wenn du noch nie mit ihr gesprochen hast? Und was verstehst du eigentlich unter ‚interessieren'? Interessierst du dich nur für das, was andere Leute schon über Dinge und Menschen gesagt haben, oder interessierst du dich auch für die Wahrheit dahinter?"

43

Ich merkte, dass er im Kopf weitaus schneller war als ich und mir entkommen würde, wenn ich meine Strategie nicht änderte.

„Wohin gehst du?", fragte ich ein bisschen hilflos.

„Heute Abend gibt es kein Wohin", sagte er. „Das ist längst schlafen gegangen. Und was ich morgen vorhabe, kann ich dir noch nicht sagen."

„Hast du denn keine Verpflichtungen?"

Er lachte, hielt mir die Blumen hin und schüttelte den Kopf. „Hast du Verpflichtungen?"

„Ich bin im Urlaub. Ich werde mir morgen die Stadt anschauen."

„So wie ich dich gerade kennenlerne, schaust du dir nicht die Stadt an, sondern nur das, was du in Zeitungen und schlauen Büchern über sie gelesen hast, stimmt's? So wirst du das wahre New York sicher nicht kennenlernen."

„Was soll denn das sein, das wahre New York?"

Er hob die Schultern, als könne er das nicht beantworten. Tat es dann aber doch. „Die hustenden Heizungsrohre", sagte er, „die summenden Klimaanlagen, der Klang der verlassenen Straßen, die Mädchen, die in der U-Bahn von ihren Seitensprüngen erzählen, die Geheimnisse der Stadtstreicher und die Lieder, die die Leute morgens in der Dusche singen. Die Wahrheit halt."

Ich nickte stumm und er fuhr fort:

„Aber ich mag Highways eigentlich lieber als Städte. Da kann man überall und nirgends zur gleichen Zeit sein. Und ich liebe das Land. Die Flüsse und die Wälder – und diese gewaltige Leere. Das Land hat mich zu dem gemacht, der ich bin. Ich bin wild, und ich bin einsam. Auch wenn ich in Städten unterwegs bin, fühle ich mich an den leeren Plätzen am meisten zu Hause. Aber warum, in aller Welt, erzähle ich dir das überhaupt alles?"

Dann schaute er sich um, als suchte er jemanden – irgendjemanden.

„Ich muss los", sagte er hektisch. „Wir sehen uns."

„Wo sehen wir uns?"

„Hörst du nicht zu?", fragte er genervt. „Überall und nirgends, auf den Straßen und in den Bars, auf dem Land, in New York, in Richmond, Virginia und in New Orleans, in Powhatan und Jerusalem, in ..."

„Bielefeld."

„Bielefeld?" Er lachte überrascht auf. „Meinetwegen. Meinetwegen in Bielefeld – wo immer das auch ist."

Er wandte sich ab, um an den Tischen endlich seine Magnolien zu verkaufen. Ich beobachtete ihn noch eine Weile und ging dann zur Tür hinaus auf die verlassene Bedford Avenue.

Eigentlich ist alles verdammt gut gelaufen, dachte ich. Gleich am ersten Abend habe ich ihn gefunden. Aber es fühlte sich nicht an wie ein Triumph. Im Gegenteil. Ich hatte mich einfach zu dämlich angestellt.

Es war ein langer Weg zum Hotel, und als ich etwa eine Stunde später am *Bedford* ankam, war ich schon wieder ein bisschen versöhnt mit mir. Was hatte ich erwartet von einem Mann, dessen bekannteste Lieder aus Fragen bestanden? „Wie viele Straßen muss ein Mann hinuntergehen, bevor man ihn einen Mann nennen kann? Über wie viele Meere muss eine weiße Taube segeln, bevor sie im Sand schlafen kann? Und wie viele Meilen muss eine Kanonenkugel fliegen, bevor sie für immer verboten wird?", heißt es in „Blowin' In The Wind", und der Refrain

45

von „Like A Rolling Stone" fragt sarkastisch: *„How does it feel?"* –
wie fühlt sich das an, ohne ein Zuhause zu sein, in der Fremde,
ganz allein, ohne einen Weg zurück, wie ein rollender Stein?

Er hatte sich mir nicht zu erkennen gegeben, aber verleugnet
hatte er sich auch nicht. Er hatte sich mehr Zeit für mich genommen, als ich verdiente. Da war es sein gutes Recht, ein wenig
Verstecken mit mir zu spielen. Ich wusste ja, dass er das liebte.
Er fand in der Verwandlung zur Wahrhaftigkeit. Das musste man
nicht auf Anhieb verstehen.

Schon als pausbäckiger Mittelklassejunge hatte er sich als
weitgereister Landstreicher inszeniert und die Weisheit eines
Greisen in seine Stimme gelegt. Als man ihn als Protestsänger
feierte, gab er den Beatnik und Hedonisten, als die Öffentlichkeit
ihn als diesen erkannte, hatte er sich selbst bereits in Bibelstudien und das amerikanische Folkerbe versenkt. Er war immer
einen Schritt voraus, und nur er kannte den Weg.

So gesehen war meine Frage nach dem Wohin genau die
richtige gewesen. Und was er über das wahre New York gesagt
hatte, korrespondierte doch mit dem, was ich darüber dachte.
Er hatte mich mit seinen Augen auf die Welt schauen lassen, und
ich hatte es nicht bemerkt. Ich musste ihn wiedersehen. Meinetwegen auch in New Orleans oder Jerusalem.

Kapitel 4

DIE GEHEIMNISSE DER STADT- STREICHER

Am nächsten Morgen war ich schon um sechs Uhr wach. Den Jetlag hatte ich mit meiner Strategie noch nicht überlisten können. Ich fuhr mit dem *L Train* nach Manhattan, dann mit der 1 Richtung Upper West Side, um bei *Zabar's* am Broadway zu frühstücken. Ein paar alte, allem Anschein nach jüdische Männer standen um einen der Stehtische herum und unterhielten sich. Ich mampfte mein koscheres Sandwich besonders bedächtig, um möglichst lange in den Genuss ihrer Konversation zu kommen. Sie sprachen über einen Film, der wohl am Vorabend im Fernsehen gelaufen war, und tauschten Erinnerungen an einen Freund aus, den sie in der Woche zuvor zu Grabe getragen hatten. Sie lachten viel, und obwohl sie über nichts Weltbewegendes redeten, hatte ich das Gefühl, dem Weltgeist näher zu sein als sonst.

Mit einem Kaffee in der Hand ging ich am Planetarium vorbei Richtung Central Park, dann den West Drive hoch bis zum Reservoir. Dort setzte ich mich auf eine Parkbank. Ein paar Jogger liefen vorbei, sonst war alles ruhig. Ein Schwarzer, er war wohl schon ziemlich alt, schob einen Einkaufswagen vor sich her und redete sich ohne ein Gegenüber in Rage. Ein *mad man* – nicht von der Madison Avenue, sondern von der dreckigen Straße. Von denen gab es viele in dieser Stadt, die alle irgendwann verrückt zu machen schien. Er setzte sich beruhigend weit von mir entfernt ebenfalls auf eine Bank und rief aufs Wasser hinaus: „Damn!" Und nach einer langen Pause noch einmal „Damn!", dann wieder innehaltend, schnell hintereinander, „Damn! ... Damn! ... Stupid! ... Fuck! ... Stupid!" Er fuchtelte mit den Armen. „Go away ... go away ... what-what-what ... go away! ... The city is mine! You belong to the night! Go away!"

Der Mann war zwar einigermaßen weit weg, aber es schien, als hätte er seine Worte an mich gerichtet. Das machte mir Angst. Als ich im Begriff war aufzustehen, kam ein weiterer Obdachloser hinter einer Hecke hervor. Er hatte zwei volle Plastiktüten in den Händen und lief direkt auf mich zu, versperrte mir so meinen Fluchtweg und setzte sich schließlich ächzend und modrig riechend neben mich. Er stellte die Tüten ab und musterte mich, während ich angestrengt versuchte wegzuschauen. Er stupste mich an – ein bisschen zu heftig, um es kumpelhaft erscheinen zu lassen, aber nicht heftig genug, um darin einen Angriff zu sehen.

„Da bist du ja, Mann", raunte er mit tiefer Stimme.

„Wer?", fragte ich eingeschüchtert.

„Mann, ich dachte schon, du kommst nicht mehr", sagte er und schüttelte den Kopf. Auf seinem allem Anschein nach weißen Gesicht lag eine braune Schmutzschicht. Seine Hände waren bandagiert. Er trug eine graue Wollmütze, darunter schaute ein Büschel dreckig-blonder Haare hervor. Die waren aller Wahrscheinlichkeit nach gefärbt oder Teil einer Perücke.

Dem schlaffen Hals und den Falten an Augen und Mundwinkeln nach zu urteilen, war der Mann mindestens siebzig Jahre alt.

„Du verwechselst mich", brachte ich mit vor Angst flatternder Stimme hervor.

„Ach was, Mann", erwiderte er freundlich wie ein liebenswürdiges Monster aus der „Sesamstraße".

„Wer bist du?", fragte ich.

„Das ist eine gute Frage", sagte er und nickte zufrieden. „Ich will dir was zeigen."

Er beugte sich zu seinen Tüten hinunter. Die eine war voller Plastikflaschen, aus der andern zog er eine uralte Schreibmaschine, auf der er mit allerhand gelbem Isolierband eine Flüstertüte oder, nein, ein Megafon befestigt hatte.

„Was ist das?", fragte ich.

„Warte", sagte er, stellte das Megafon an, das mit einem kurzen leisen Feedback antwortete, und platzierte das Gerät auf meinem Schoß.

„Schreib was", sagte er.

„Was denn?", fragte ich.

„Egal, irgendwas."

Ich überlegte kurz, meinen Namen zu schreiben, zögerte dann aber, weil ich dachte, das könnte womöglich ungeahnte Folgen haben. Stattdessen entschied ich mich für ein unverbindliches „Hello", doch als ich das große „H" tippte, ertönte ein ohrenbetäubender Knall, der mich vor Schreck zusammenfahren ließ. Ich sah mich um, ob vielleicht jemand auf uns geschossen hatte. Aber da war niemand, außer dem verwirrten schwarzen Mann auf der Parkbank links von uns, der sich beruhigt zu haben schien und sehr interessiert herübersah.

„W ... Was war das?", fragte ich ängstlich.

„Das war meine Maschine."

„Schon klar. Und warum macht die so einen Krach?"

„Dort, wo normalerweise das Farbband sitzt, habe ich eine Rolle Zündplättchen eingespannt. Und wenn man eine Taste drückt ..."

Er drückte ein „W", „... dann knallt es." Er lachte. „Gut, was?"

„Aber was soll das?"

„Das ist eine Komposition", erklärte er. „Ich habe zwei alte Dinge genommen und zu etwas neuem zusammengesetzt."

„Aber warum? Wozu?"

„Damit es", er drückte eine „6", und es knallte erneut, „knallt."

„Aber jeder Knall klingt gleich, egal, auf welche Taste man drückt. Man kann gar nicht hören, was getippt wurde."

„Nein."

„Und es wird auch nirgendwo sonst festgehalten, was getippt wurde."

„Nein."

„Das ist vollkommen sinnlos."

„Das ist ja das Schöne daran. Ich habe es In-den-Wind-schreib-Maschine genannt."

„Und wozu braucht man sowas?"

„Zum Texteschreiben natürlich."

„Aber warum sollte man das auf diesem ... Ding tun, das nichts davon festhält?"

„Vielleicht, weil man etwas vergessen will? Man schreibt auf, was man vergessen will und", er drückte eine „1", „es verpufft."

„Aha, verstehe. Und du verleihst diese In-den-Wind-schreib-Maschine also an Leute, die etwas vergessen wollen."

50

„Nein, nein. Diese Maschine ist mein Geheimnis."

„Und warum zeigst du sie mir dann?"

Er schien enttäuscht. „Ich dachte, sie könnte dich interessieren", sagte er leise.

„Aber das ist doch alles vollkommen unlogisch."

„Na und? Wo hat die Logik uns denn die letzten hundert Jahre hin gebracht? Auf den Mond!"

„Ein großer Schritt für die Menschheit ..."

Er schüttelte den Kopf und sah auf einmal sehr traurig aus.

„Das war der Anfang vom Ende", sagte er. „Kennst du die Geschichte vom Frosch und dem Skorpion?"

„Nein", sagte ich.

„Eine Art Fabel. Nordmexikanisch, glaube ich. Ein Skorpion will einen Fluss überqueren und fragt einen Frosch, ob der ihn rüberträgt. ,Nein', sagt der Frosch, ,nein, danke. Nachher stichst du mich noch, und dann bin ich tot.' ,Aber das wäre doch vollkommen unlogisch', sagt der Skorpion, und Skorpione sind bekannt dafür, dass sie immer versuchen, logisch zu argumentieren. ,Wenn ich dich steche, stirbst du, und ich ertrinke.' Das hat den Frosch überzeugt, und er lässt den Skorpion auf seinen Rücken klettern. Aber als sie etwa in der Mitte des Flusses sind, bekommt er unglaublich schlimme Schmerzen und stellt fest, dass der Skorpion ihn doch gestochen hat. ,Logik!', schreit der Frosch, als er hinabsinkt und den Skorpion mit sich in die Tiefe reißt, ,das ist gegen jede Logik.' ,Ich weiß', sagt der Skorpion, ,aber ich kann es nicht ändern – das ist nun mal meine Rolle.'"

„Aha. Und was soll das bedeuten?"

„Weiß nicht. Vielleicht, dass man nicht zu sehr auf die Logik zählen sollte, weil das tödlich enden kann, weil es etwas gibt, was stärker ist und nicht in unserer Macht steht. Unsere wahre Natur, das Schicksal."

„Wir sind dem Schicksal ausgeliefert? Wir sind in einem – was weiß ich – göttlichen Plan gefangen?"

„Wir sind frei in der Interpretation unserer Rolle. Aber das Ende des Stücks ist vorgegeben. Das ist nämlich – natürlich – ist ja klar – der Tod. Je eher man sich damit abfindet, umso besser. Aber was das Leben und der Tod letztendlich bedeuten, das liegt an jedem selbst. Hamlet, von Sarah Bernhardt gespielt, ist ja auch ein anderer als Hamlet, gespielt von Richard Burton."

„Verstehe."

„Daran kann man sehen, wie frei wir sind."

„Aber der Skorpion konnte nicht raus aus seiner Haut."

„Die Story konnte er nicht ändern. Aber er hätte sie anders verkaufen können. Anscheinend hatte er, wie alle Skorpione, eine Vorliebe fürs Absurde."

„So wie du?"

„Wie meinst du das?"

„Na, sie dich doch an! Du bist ein ziemlich schlechter Schauspieler, der hier sein lachhaftes Spiel spielt. Kein Penner redet so wie du."

„Du meinst, mein Äußeres muss zu dem passen, was ich sage? Wie phantasielos. Du denkst wie die meisten. Sie verwechseln Gewohnheit mit Wahrheit. Immer wenn ihnen jemand etwas erzählt, checken sie gleich, ob es mit dem übereinstimmt, was sie für normal halten. So berauben sich die Menschen ihrer besten Geschichten. Denn Geschichten entstehen, indem sie von einem zum anderen wandern und dabei immer fantastischer und geheimnisvoller werden, und nicht dadurch, dass alle das gleiche nachplappern, vorgestanzte Wahrheiten, die ebenso gleichförmig sind wie das Aussehen der Leute, die sie von sich geben. Früher hat man Geschichten in Liedern erzählt, damit man sie sich besser merken konnte. Und jeder, der eines dieser Lieder sang, erfand etwas dazu. Folk nannte man das. War groß hier in Amerika. Heute kriegt man Ärger, wenn man einen Song verändert, wenn man ihn sich aneignet und mit seiner eigenen Wahrheit füllt. Mit Anwälten und Managern kriegt man es zu tun. Weil sie nicht wollen, dass sich etwas verändert. Weil sie uns ihre Logik aufzwängen wollen, ihre gefälschte Geschichte und ihre Propaganda, die sie Wahrheit nennen. Und wenn man mal einen Song aufgenommen hat, gegen den sie nichts einzuwenden haben, liegt er tot da. Weil man ihn nicht mehr verändern darf, und weil er sich nicht mehr verändern kann. Wenn man früher eine Platte hörte, hat die Nadel sich mit jedem Hören weiter hineingegraben in das Geheimnis der Musik, bis man es leise klopfen und wispern hörte. Heute spielt man eine Datei ab, und egal wie oft man sie hört, sie bleibt immer gleich, sie öffnet sich nicht. Auch wenn die Sprache, der man nicht immer trauen sollte, einem das weismacht – man sagt ja, ‚Ich öffne eine Datei‘, aber das stimmt nicht, sie bleibt geschlossen, unveränderbar. Es ist, als wenn du dein Leben lang mit der gleichen Frau schläfst, und sie bleibt dabei doch immer Jungfrau. Man muss pervers sein, um das gut zu finden."

„Früher war also alles besser?"

„Nein. Nur die Zukunft war früher besser. Weil wir sie uns noch selbst ausdenken konnten. Heute haben wir Maschinen dafür. Ich glaube, die Zukunft kann nur dann funktionieren, wenn in ihr die Vergangenheit mit drinsteckt. Und die neuen

Maschinen haben keine Vergangenheit. Diese Maschine hingegen", er zeigte auf das Gerät auf meinem Schoß, „die hat eine Vergangenheit – sogar mehrere", sagte er. „Die Schreibmaschine hat mal William Carlos Williams gehört, kennst du den?" Er begann mit geschlossenen Augen in einen Singsang einzustimmen, der an ein Wiegenlied erinnerte, und deklamierte: *„Rigor of beauty is the quest. But how will you find beauty when it is locked in the mind past all remonstrance?"* Er ließ die Wörter wirken, öffnete langsam die Augen und schaute mich mit verklärtem Blick an. „Das ist von ihm", sagte er. „Und das Megafon", fuhr er fort, „gehörte Gil Scott Heron. Verstehst du? *Dem* Gil Scott Heron! Unserem größten Dichter!" Wieder schloss er der Augen. *„You will not be able to stay home, brother. You will not be able to plug in, turn on and cop out. You will not be able to lose yourself on skag and skip. Skip out for beer during commercials. Because the revolution will not be televised."* Die Deklamation war nun härter, rhythmischer. „Die Revolution wird nicht im Fernsehen übertragen, weil es eine Revolution in unseren Köpfen ist, verstehst du? Und wenn wir unseren Geist befreien, können wir auch die Schönheit finden."

Er hatte Tränen in den Augen und wischte sie sich mit seinen Ärmeln fort. Unter dem verschmierten Dreck wurde seine Haut sichtbar. Er schaltete seine Maschine aus und nahm sie von meinem Schoß, steckte sie in seine Tüte und ging ohne ein weiteres Wort fort.

Als ich wenig später ebenfalls aufbrach, hörte ich in der Ferne Schüsse, und der Wind begann zu heulen.

Kapitel 5

JERUSALEM

Ich saß im *Jerusalem,* einem Falafelladen am Broadway, der mal
in einem Song der schicken New Yorker Band *Vampire Weekend*
eine Rolle spielte, und versuchte, meine Erlebnisse des Vormittags
zu notieren. Nach einem Adjektiv für das Aufeinandertreffen mit
dem Obdachlosen suchend, fiel mir als erstes das Wort „dylanesk"
ein ... Nein, das ist gelogen. Ich will bei der Wahrheit bleiben.

Während ich im *Jerusalem* auf meine Bestellung wartete,
stellte ich mir vielmehr die Frage, was dieses Adjektiv eigentlich
bedeutet. Die Leute, die es tatsächlich verwenden, und das sind
nicht nur Musikkritiker, meinen damit in der Regel eine be-
stimmte Art des Gesangs – nämlich näselnd – und des Mund-
harmonikaspiels – nämlich kindlich. Doch für mich weckt es
immer auch Assoziationen an das Enigmatische, Kauzige, das
ähnlich wie das „Kafkaeske" ins Absurde hineinspielt. Und der
namenlose Obdachlose, der wie Dylan in seiner Rolle des Alias
in Sam Peckinpahs Western *„Pat Garrett and Billy The Kid"* die
Frage nach seiner Identität mit den Worten „Das ist eine gute
Frage" beantwortet hatte, war nun wirklich ein ziemlich komi-
scher, durchaus geheimnisvoller Kauz gewesen. Einer, der die
Wahrheit eher in der Vergangenheit suchte als in der Zukunft,
paradoxerweise aber die Veränderung dem Stillstand und die
Revolution dem Status Quo vorzog, der an Gott und Schicksal
glaubte, sich ihnen aber nicht ergab. Das klang für mich in der
Tat dylanesk. Und seine Repliken waren eigentlich keine Ant-

worten gewesen, sondern hatten neue Fragen aufgeworfen, die man sich am Ende selbst beantworten musste. How does it feel? Das ist vermutlich der Grund, warum viele Literaturwissenschaftler, die es gewohnt sind, die Antworten auf ihre Fragen selbst zu finden, und denen die Person des Autors in der Regel auch eher lästig scheint (im Gegensatz zu Musikjournalisten, die den Gegenständen ihres Schreibens mühevoll mit Diktafonen hinterher reisen), Dylan zu ihrem Forschungsgebiet gemacht haben und liebend gerne stellvertretend für das Enigma Rede und Antwort stehen. In der Position war ich allerdings, obwohl kein Wissenschaftler, sondern nur ein einfacher Redakteur des *Rolling Stone*, auch schon des Öfteren.

Vor ein paar Jahren, genauer gesagt am 24. Mai 2011, saß ich etwa in einem Seminarraum des Münchner *Amerika Hauses*. Der Vizekonsul hatte geladen, über Bob Dylan zu sprechen, der an jenem Tag siebzig wurde. Ich war einer von zwei sogenannten Experten, die über den Mann, der kaum etwas über sich preisgab, Auskunft geben sollten. Der andere war Karl Bruckmaier von der *Süddeutschen Zeitung*. Die Fragen stellte der Vizekonsul an diesem Abend höchstpersönlich. Er war, wie er einführend erklärte, seit seiner Jugend Dylan-Fan und stellte deshalb auch Fanfragen, die natürlich ungleich spannender sind als musik- oder literaturwissenschaftliche, sich in der Regel aber nicht beantworten lassen. Es ging um Dylans fehlende Virtuosität, die Botschaft in und hinter seinen Texten und die Geheimnisse seines Privatlebens. Bruckmaier erzählte daraufhin ziemlich ausschweifend von sich, was schlau war, denn der Faszination so vieler Menschen für diesen Mann auf die Spur zu kommen, gelingt vor allem, indem man die eigene hinterfragt.

Schon bei der Frage nach unserem ersten Dylan-Album geriet ich ins Hintertreffen. Ich nannte wahrheitsgemäß *„Oh Mercy"* von 1989, weil es das einzige war, das in der Woche nach Mannis Lagerfeuergeschichte in der Pfarrbücherei unseres Dorfes (Öffnungszeiten: mittwochnachmittags und sonntagmorgens nach dem Hochamt) zu finden gewesen war. „Oh fürchterlich!", fiel Bruckmaier mir ins Wort und feixte, da sei es schon ein Wunder, dass ich mich danach überhaupt noch weiter mit dem Werk des Mannes beschäftigt hätte. Er, etwa zwanzig Jahre älter als ich, hatte die großen Dylan-Alben der Sechziger als Zeitzeuge miterlebt und war daher, das musste ich neidlos anerkennen, initiationstechnisch klar im Vorteil.

Doch mal abgesehen davon, dass *„Oh Mercy"*, wie fast jedes Dylan-Album seit der größten Tonaufnahme der Geschichte, *„Blonde On Blonde"* von 1966, bei Erscheinen als großes Comeback gefeiert wurde, ist die persönliche Bedeutung, die man einer Platte beimisst, noch dazu wenn es die erste ist, die man von einem Künstler besessen hat, selbstverständlich völlig unabhängig von ihrem historischen oder ästhetischen Wert oder gar der Meinung anderer.

Für mich war *„Oh Mercy"* eine atmosphärische Platte, die ein Geheimnis in sich barg, und deshalb scheint sie mir noch heute wie geschaffen für den Erstkontakt mit Dylan. Neben all den Liedern über eine zerbrochene Welt, in der die Liebe nur noch eine ferne Erinnerung ist und die Selbstüberschätzung wie eine Seuche grassiert, gab es einen Song über einen mysteriösen Mann in einem staubigen langen schwarzen Mantel, der in den alten Tanzhallen am Rande der Stadt rumlungert und jede Frau mitnimmt, die ihn bei der Damenwahl auffordert.

Offensichtlich ist dieser Mann der Tod, für mich war er aber immer auch und vor allem ein naher Verwandter von Catfish, vielleicht sogar der legendäre Trickser höchstpersönlich.

Doch all das konnte ich an jenem Abend im *Amerika Haus* nicht in Worte fassen. Denn mir ging etwas ganz anderes durch den Kopf. Sieben Jahre hatte ich in München gelebt, und ich fragte mich, während ich dort oben auf dem Podium saß und mich eigentlich konzentrieren wollte, unfreiwillig immer wieder, warum ich zurückgekehrt war in die Stadt, aus der ich ein halbes Jahr zuvor nach Berlin geflohen war. Im Publikum saßen eine Ex-Freundin und ein paar alte Bekannte. Ich musste ihre Gesichter neu zusammensetzen und ihnen andere Namen geben. Erst dann konnte ich mich entspannen und den schönen Anekdoten von Bruckmaier lauschen, die mehr mit mir zu tun hatten, als ich anfangs dachte.

Wie viel einfacher war es in New York darüber nachzudenken. Nicht nur, weil ich dem Gegenstand meiner Überlegungen scheinbar näher war als in München. Es war auch der Luxus des Reisenden, der mir zugute kam, diese Mischung aus Naivität und Unbeschwertheit, die es dem Fremden erlaubt, die Stadt mit seinen Augen zu sehen und nicht so, wie sie tatsächlich ist.

„Bist du Deutscher?" Ein Hipster in pastellfarbenen Klamotten mit Sonnenbrille und wild, wie elektrisiert abstehenden Haaren schaute mich an. Ich nickte.

„Woran sieht man das?", fragte ich, und er zeigte auf mein Notizheft.

„Ach, klar", sagte ich. „Du etwa auch?"

„Meine Mutter, ja. Aber ich bin in New York aufgewachsen", antwortete er ohne jeden Akzent. „Ich war allerdings zwei Jahre zum Studieren in Berlin. Bevor du fragst: Germanistik und Philosophie. Die Dichter und die Denker." Er deutete wieder auf mein Notizbuch. „Was schreibst du denn da?"

„Reisetagebuch", sagte ich.

„Ach, verstehe. So Sachen wie: ‚Heute war ich auf dem Empire State Building, King Kong war nicht zu Hause' und so?"

„Nein, so nicht."

„Ach, du bist einer von denen, die die Stadt erst mal auf sich wirken lassen, stimmt's? Bloß keine Touristenorte aufsuchen, besser mit echten New Yorkern ins Gespräch kommen und so, stimmt's?"

„Genau. Hat ja auch schon gut geklappt. Schau dich an."

„Nein, hör zu, ich bin nicht der Richtige dafür. Ich habe seit drei Tagen nicht geschlafen, viel zu viele schlechte Pillen geschluckt und war mit den falschen Leuten in den falschen Bars."

„Klingt doch nach einer guten Zeit."

„Jaja. Obwohl das Imperium des Abends wieder zu Sand geworden ist, mir durch die Hände rann, mich blind hier stehen ließ und immer noch nicht schlafend. Meine Ruhelosigkeit erstaunt mich selbst, meine Füße sind schon wund. Ich hab keinen, der mich treffen will, und die alte verlassene Straße ist zu tot zum Träumen." Er tänzelte leicht, schaute in die Höhe, als würde er die Wörter jonglieren.

„Hey, das kenne ich. Was ist das noch gleich?

„Das ist aus ‚Mr. Tambourine Man'", sagte er und betonte dabei das letzte Wort.

Ist das die Weissner-Übersetzung, die damals bei Zweitausendeins erschienen ist? Wusste gar nicht, dass Leute in deinem Alter die noch kennen – und dazu noch echte New Yorker."

59

„Machst du Witze? Ich bin tausend Jahre alt und unermüdlich. Ich bin zwar ziemlich angeschlagen, aber dafür auch friedlich."

„Hahaha. Nicht schlecht."

„Carl Weissner kenne ich natürlich. Cooler Typ. Auch seine eigenen Sachen. Leider zu früh gegangen. Er wurde gerade richtig gut. Aber ich habe selbst mal einige Dylan-Texte ins Deutsche übersetzt. Nur so zum Spaß – und um hier die Leute zu verwirren. Die verstehen natürlich kein Wort, wenn man das singt, und denken, man wäre der Sohn von Nico oder so."

„Spielst du in einer Band?"

„Nicht mehr. Irgendwann wurde es peinlich. Es gibt nichts Schlimmeres als zu versuchen, in der gleichen Disziplin gut zu sein wie die Leute, die man verehrt. Wenn man die Musik liebt, kann man ein guter Zimmermann werden oder vielleicht ein halbwegs okayer Schriftsteller, wenn man die Literatur liebt, kann man Komponist werden oder Drucker oder Stabhochspringer. Wenn man Dylan liebt, der weder Musiker ist noch Literat und doch beides zugleich, kann man nur Mathematiker werden. Mir blieb also keine andere Wahl – auch wenn meine Eltern das anders sahen –, als die deutsche Literatur und die Philosophie hinter mir zu lassen und mich eben für Mathematik einzuschreiben. An der Columbia."

„Lustigerweise bin ich auf der Suche nach ihm."

„Nach wem?"

„Na, nach Dylan."

„Ist der hier? Der lebt doch in Malibu, oder?"

„Kann schon sein."

„Außerdem ist der doch eigentlich immer unterwegs, oder?

Mir hat mal einer von einem Typen erzählt, der nichts anderes zu tun hat, als ihm Hotelzimmer zu buchen, weil er so ungern nach Hause geht – wo immer das auch ist."

„Mir geht es weniger um ihn selbst als um seine Lieder."

„Du suchst seine Lieder? Auf LP oder was?"

„Nein. Das klingt jetzt bescheuert, aber ich suche den, der er in seinen Songs ist und in seinen Inszenierungen – in Interviews und in den Geschichten, die man sich über ihn erzählt. Nenn es meinetwegen die Kunstfigur oder den Mythos."

„Also, du meinst Mythos im Sinne eines Models, das der Mensch sich ausgedacht hat, um sich die Welt zu erklären und daran orientieren zu können? Du suchst den Welterklärer Bob Dylan?"

„So habe ich das für mich selbst noch nicht ausformuliert, aber wenn du so willst, ja. Also, wir wissen nicht, wer Shakespeare ist, und ob er uns irgendwas zu erzählen hat, aber wir wissen, wer Hamlet ist. Und von dem können wir lernen."

„Ah, verstehe."

Er überlegte. Schwieg sicher eine Minute.

„Darf ich dabei sein?", fragte er schließlich.

„Äh, ja, wenn du magst", antwortete ich wohl etwas verdutzt. „Ich meine, keine Ahnung. Ich weiß ja selbst nicht so genau, was ich da mache. Es ist vermutlich die totale Schnapsidee, und je länger ich darüber nachdenke, desto blöder ..."

„Nein, nein, überhaupt nicht. Ich weiß genau, was du meinst. Und ich glaube, ich kann dir sogar helfen."

„Wie denn das?!"

„Ich kenne einen Typen, der auf deine Beschreibung passt."

„Was? Echt jetzt?"

„Ja, wirklich. Ich meine, kennen ist zu viel gesagt. Ich habe ihn öfter mal gesehen. Der hängt abends im *Bitter End* rum und bestellt immer eine Flasche *Beaujolais* – und wenn die leer ist, geht er. Er spricht nicht viel. Und wenn er was sagt, ist es meistens unverständlich. Ich glaube, die meisten halten ihn für verrückt."

„Und wie kommst du darauf, dass das Dylan ist?"

Er zuckte mit den Schultern. „Weiß nicht. Von selbst wäre ich wahrscheinlich nicht drauf gekommen, aber als du eben von deiner Suche erzählt hast, fiel mir gleich dieser Typ ein. Der hat sowas Geheimnisvolles an sich. Ein weiser Irrer. Und immer, wenn ich ihn gesehen habe, sah er irgendwie anders aus. Also, ich meine, er war immer noch als er selbst erkennbar, aber irgendwie schafft er es, durch die Wahl seiner Klamotten oder so, seinen Typ so zu verändern, dass man meint, er wäre jemand anders. Wir haben ihn den ‚Face Dancer' getauft – so wie diese Typen aus den *Dune*-Romanen, die Identitäten stehlen können. Naja, das passt ja auch irgendwie zu Dylan, oder?"

„Ja, da hast du Recht. Klingt gut."

„Außerdem ist der einzige, der sich manchmal zu ihm setzt, ein bisschen plaudert oder eine Runde Schach mit ihm spielt, Erik Frandsen. Ein Folkie aus den alten Tagen, der über dem ehemaligen *Gaslight* wohnt. Der gehörte Mitte der Siebziger zu Dylans Gang."

„Ach, echt?"

„Ja, er ist auch auf einigen Aufnahmen aus der Zeit zu hören. Er spielt zum Beispiel die Slide-Gitarre auf ‚Catfish' – ein eher obskures Lied, weiß nicht, ob du das kennst."

„Ich werd verrückt! Das Lied ist der ... Das kann kein Zufall sein."

„Ja, nicht wahr, dass der Frandsen ihn kennt, spricht dafür, nicht?"

„Ja, unbedingt. Ich bin übrigens Maik."

„Wirklich Mike oder eigentlich Michael?"

„Nein, Maik. Mit ‚ai'. Ist friesisch. "

„Kommst du daher?"

„Nein, aus Westfalen."

„So wie Westbam."

„Ja, genau. Ungefähr aus der Ecke."

„Cool. Ich bin Pat."

„Freut mich, Pat. Pat von Patrick?"

„Nein, von Paterson."

„Paterson?"

„Ja, meine Eltern habe mich nach diesem Gedicht von William Carlos Williams benannt. Kennst du das? So ein ellenlanges Ding, das er nicht mehr fertig bekommen hat, bevor er starb und in dem er von einem Mann erzählt, der eigentlich eine Stadt war – ‚a man like a city and a woman like a flower'."

„Dieser Williams verfolgt mich heute."

„Und Allen Ginsberg ist natürlich in Paterson aufgewachsen. Naturgemäß hat er es nicht lange dort ausgehalten."

„Sind deine Eltern Literaturwissenschaftler?"

„Nein, überhaupt nicht. Nicht mal Lehrer. Aber stimmt, könnte man meinen. Zumal bei dem Nachnamen."

„Wieso?"

„Ich heiße Milkwood. Paterson Milkwood."

Kapitel 6

THE BITTER END

Greenwich Village ist natürlich ein naheliegender Ort, um nach – wie Pat es nannte – dem Welterklärer Bob Dylan zu suchen. Hier kam er im Januar 1961 an, nachdem er aus Minnesota Richtung Ostküste getrampt war, um sein an einer Nervenkrankheit leidendes großes Idol Woody Guthrie am Krankenbett zu besuchen, hier spielte er in Folkclubs und erzählte fantastische Geschichten über seine Identität und seine Herkunft als Waisenkind, das auf sich allein gestellt durch die Staaten gereist wäre. Kurz: Hier schuf er seinen Mythos, sog Geschichten und Gedichte, Songs und Bücher auf wie ein Schwamm und wurde zu Bob Dylan, wie wir ihn kennen.

Und hier begegnete er Suze Rotolo, einem italo-amerikanischen Mädchen, das in Sunnyside Queens aufgewachsen war, einem kleinen Kommunistennest im Big Apple. Er hatte sie bei einem Folknachmittag in der Riverside Church kennengelernt. Und sie war es, die ihn mit Bert Brecht und Arthur Rimbaud bekannt machte, ihm das Milieu zeigte und ihn politisierte (oder anders gesagt: Er begann politische Lieder zu schreiben, um sie damit zu beeindrucken).

Auf dem ikonischen, oft nachgestellten Cover von Dylans zweitem Album, *„The Freewheelin' Bob Dylan"*, sieht man sie an der Seite ihres Freundes durch die schneebedeckten Straßen von Greenwich Village stapfen. Er trägt eine für den klirrend kalten New Yorker Winter viel zu dünne Wildlederjacke, hat bibbernd die Schultern hochgezogen, die Hände in den Taschen, den Blick gesenkt und macht auf James Dean, sie, im Zwiebellook mit seinem dicken Sweater unter dem grünen Mantel, hat sich bei ihm eingehakt.

Vierzig Jahre später lief ich das erste Mal durch dieses Viertel, und mir kam eine Frau entgegen, die mich gleich an das Mädchen vom Cover erinnerte. Die Nase, der Mund, auch die langen Haare, die allerdings weniger Volumen hatten als auf dem Foto. Und der Babyspeck war weg, sie war mit dem Alter hager geworden, doch unverkennbar war das Suze Rotolo. Sie trug sogar – jedenfalls in meiner Erinnerung – denselben Mantel. Es war nur ein Blick, den wir tauschten. Ich hatte keine Gelegenheit, sie anzusprechen.

Erst einige Jahre später bekam ich die Möglichkeit, mit ihr zu reden. Allerdings nur am Telefon, doch schon das genügte, um nachvollziehen zu können, wie man sich in sie verliebt. Sie hatte ihre Memoiren geschrieben und gab dazu einige Interviews. Sie wohnte tatsächlich immer noch in der Nähe des Village – Broadway, Ecke Great Jones Street, in der Gegend zwischen Bowery und Mercer Street, nördlich der Houston Street, die man daher NoHo nannte. „Wenn ich Bücher über die Sechziger lese, vermisse ich immer eines: den Spaß, den wir damals hatten", sagte sie. „Wir haben uns keine Gedanken darüber gemacht, Geschichte zu schreiben. Wir waren nicht diese ernsten, bereits fertig geformten Künstlerpersönlichkeiten. Wir waren jung und wollten uns amüsieren." Das „Wir-sind-alle-gleich- und Love-and-peace-Getue" der Folkszene sei ihnen damals ziemlich auf den Geist gegangen – „wir wollten anders sein", sagte sie. Den romantischen Hobo und Womanizer Woody Guthrie hätten sie interessanter gefunden als den belesenen Volksaufklärer Pete Seeger. „Bob stand oft lange vorm Spiegel, um seinen gammeligen, zerknitterten Hobo-Look zu perfektionieren", erinnerte sich Suze und lachte.

Nach ihrer Trennung von Dylan war sie nach Kuba gereist, hatte an der Seite Fidel Castros ein Baseballspiel gesehen und traf Che Guevara in einer Schule. „Ich wünschte, ich könnte mich besser erinnern", sagte sie bedauernd und fügte hinzu, Che habe sich auf einen Stuhl gesetzt und lässig die Füße auf das Pult gelegt, bevor er Auskunft über seine politischen Entscheidungen gegeben habe. „Er sah genauso aus wie auf den Fotos." Das Image, im wahrsten Sinne des Wortes, war Revolutionären schon damals überall auf der Welt und unabhängig vom System wichtig.

Am Ende unseres Gesprächs fragte ich Suze, an welcher Straße denn nun das Cover von *„The Freewheelin' Bob Dylan"* aufgenommen worden war. Es gab nämlich ein Foto von mir, wie ich Dylan imitierend die Jones Street hinunterlief, doch ein Freund hatte mich ausgelacht, weil ich seiner Meinung nach die falsche Straße ausgewählt hatte, die West 4th Street wäre die richtige gewesen. „Ich gehe zwar immer noch jeden Tag durch diese Straßen, aber ich habe keine Ahnung mehr, wo es war", sagte Suze und lachte wohl über eine Erinnerung, die sie für sich behielt. „Schick mir doch mal das Foto. Dann frage ich meinen Nachbarn, der kennt sich da aus." Ihr Nachbar war der Songwriter Steve Earle, der eine Art Stadtschreiber des Village zu sein schien. Sie zeigte ihm das Foto und schrieb mir am nächsten Tag zurück: „Tell your friend you were right."

Am 25. Februar 2011 starb Suze Rotolo nach einem langen Kampf gegen den Lungenkrebs in ihrer Wohnung, in den Armen ihres Mannes. Zwei Tage zuvor hatte Paul Simon mir in seinem Proberaum in New Canaan, Connecticut von seinem Gartentor erzählt, anschließend war ich mit dem Zug nach New York gefahren, um dort noch ein paar Tage in einem kleinen Apartment an der Bowery zu verbringen. Ein Musiker am Washington Square erzählte mir – er hatte zuvor Dylans „Boots Of Spanish Leather" gespielt, und ich war stehen geblieben – von ihrem Tod. Es ist mir noch heute ein bisschen unheimlich, dass ich mich an ihrem letzten Tag ganz in ihrer Nähe aufgehalten habe.

Dylan verließ das Village schon sehr früh. Als er allmählich zum Popstar wurde, war die Folk-Community für ihn zu klein geworden. Er zog ins *Chelsea Hotel*, hing mit Warhol ab, trug Lederjacken und spielte in Stadien statt in Clubs, heiratete, wurde Vater und zog aufs Land. Doch Greenwich Village blieb ein Sehnsuchtsort. Ende der Sechziger kehrte er mit seiner Familie zurück, doch der Müllforscher Weberman war nur einer unter vielen, die ihm das Leben dort zur Hölle machten, ein Zeichen oder wenigstens eine Berührung von ihm forderten. Er floh nach Malibu, wo man als Star und messianische Gestalt nur einer unter vielen ist, und ließ auf der Landspitze Point Dume nach Entwürfen, die er mit seiner Frau Sara, dem Architekten David C. Towbin und zig anderen Designern, Dekorateuren und Scharlatanen ersann, in drei Jahren Bauzeit einen Märchenpalast mit Zwiebeltürmchen errichten. Eine Brücke in Form eines Frauenbeins verband das Haus mit dem Pool.

Zu einem Zufluchtsort wurde dieses groteske Gebäude jedoch nie. Bald schon, so erzählt man sich, wurde ihm seine Ehe zu eng, und er kehrte wieder zurück nach New York, suchte seine Jünger auf den Straßen und in den Clubs von Greenwich Village zusammen und ging mit ihnen auf eine Konzertreise, die er *The Rolling Thunder Revue* nannte. Die Idee dazu kam ihm bei einem Besuch im *The Other End*, einem Folkclub an der Bleecker Street, der bis in die Sechziger *The Bitter End* hieß und auch jetzt wieder diesen Namen trägt. Dort stand eine junge Frau auf der Bühne, in der er sich selbst erkannte – die aussah wie er, sang wie er und eine wilde Rock'n'Roll-Band hinter sich hatte. Sie hieß Patti Smith und kam wie er aus dem Mittleren Westen. Als er sie nach der Show hinter der Bühne traf, umringt von Fotografen, umkreisten die beiden sich unsicher, führten einen stummen komischen Tanz auf wie Groucho Marx in *„Duck Soup"* mit seinem scheinbaren Spiegelbild, das von seinem älteren Bruder Harpo verkörpert wird.

Nun war ich um acht Uhr abends in eben jenem *Bitter End* mit Pat verabredet, der sich vorher noch ein paar Stunden aufs Ohr hauen wollte. Die angestrahlte blaue Markise des Clubs leuchtete schon von weitem, die mit Holzbalken verkleidete Fassade erkannte ich sofort. Ich war mir ehrlich gesagt nicht sicher, ob Pat tatsächlich kommen würde. Vielleicht, so dachte ich, hat er sich nur einen Spaß erlaubt, um den seltsamen Deutschen mit seiner Dylan-Obsession ein wenig in die Irre zu führen. Umso erleichterter war ich, als ich ihn schon mit dem Mann hinter der Theke reden sah, als ich hereinkam. Er trug eine enge schwarze Hose mit Nadelstreifen und ein schwarzes Samt-hemd und hatte selbst im schummrigen Barlicht seine *Ray-Ban* nicht abgenommen.

„Er ist schon da", begrüßte er mich und deutete mit dem Kopf auf einen Tisch, an dem ein Mann mit einem großen blumenverzierten Hut vor einem Schachbrett saß. Daneben standen ein Glas Rotwein und eine halb leere Flasche. Er hatte ein buntes Tuch um seinen Hals gebunden, trug Weste und weißes Hemd. Ich schätzte ihn auf Ende dreißig. Nach Pats Schilderungen hatte ich ihn mir wesentlich älter vorgestellt.

„Wie gehen wir vor?", fragte ich.

Pat hob indifferent die Schultern. „Ist vermutlich besser, wenn erst mal einer von uns zu ihm rübergeht und den anderen nachholt", schlug er vor. „Wir wollen ihn ja nicht gleich verschrecken. Schlage vor, ich gehe als erster. Mich kennt er vielleicht, weil ich hier öfter abhänge."

Ohne meine Antwort abzuwarten, nahm er sein Bier vom Tresen und ging hinüber. Er fragte den Mann, ob er sich zu ihm setzen könnte. Der nickte, ohne aufzusehen. Pat ließ sich nieder und saß ihm direkt gegenüber. Und weil er mir dadurch den Rücken zuwandte, konnte ich nicht sehen, ob er weiter auf den Mann einredete. Der schien ihn aber so oder so nicht zu beachten und starrte konzentriert auf sein Schachbrett, das von Pat zur Hälfte verdeckt wurde. Er spielte mit den weißen und mit den schwarzen Figuren, doch ich erkannte nur, wie er das weiße Pferdchen aus dem Stall holte und anschließend eine Rochade zog. Dann schenkte er sich, zufrieden auf die Konstellation vor sich schauend, ein neues Glas Wein ein, sah zur Decke hinauf, dann zur Tür, schließlich auf seine Uhr. Er schien jemanden zu erwarten. Irgendwann stand Pat auf, nahm sein Bierglas und kam zu mir zurück.

„Was hat er gesagt?", fragte ich wider besseren Wissens.

„Ach, überhaupt nichts", motzte Pat frustriert und ein bisschen zu laut, aber für alle anderen Gäste unverständlich auf Deutsch. „Der ist vollkommen weggetreten. Nicht von dieser Welt, würde ich sagen. Ich würde vorschlagen, wir gehen jetzt erst mal aufs Klo und rauchen einen und dann betrinken wir uns."

„Guter Plan."

Als wir leicht benebelt zurückkamen, traute ich meinen Augen nicht. Das Schachbrett war abgeräumt, und unser Mann unterhielt sich angeregt mit einem neben ihm sitzenden Typen, der den zurückgekämmten spärlichen grauen Resthaaren und dem faltigen Gesicht nach zu urteilen sein Vater hätte sein können. Die beiden lachten, schlugen sich gegenseitig auf die Schultern und schüttelten amüsiert die Köpfe. Vermutlich machten sie sich über uns lustig.

„Also, entweder dein Kraut ist verdammt gut oder deine Kommunikationsgabe ist verdammt schlecht", sagte ich, und

70

Pat zog eine Schnute. Verschwörerisch nahm er seine Sonnenbrille ab, so dass ich seine rot unterlaufenen Augen sehen konnte, und flüsterte: „Das ist Erik Frandsen, von dem ich dir erzählt habe. Tatsächlich der einzige, der sich mit ihm zu verstehen scheint."

Wir bestellten noch zwei Bier und beobachteten die beiden Männer. Wenn man doch nur Lippenlesen könnte, dachte ich.

Irgendwann standen sie auf, umarmten sich, und der Mann mit dem Hut ging zur Tür hinaus. Ich wollte ihm folgen, doch Pat hielt mich zurück.

„Lass uns lieber mit Frandsen sprechen", sagte er, „aber vorher will ich, dass du mir eine Frage beantwortest. Wenn man ins Theater geht, meinetwegen in ,*Hamlet*', und man wirft ein Ei auf die Hauptfigur – trifft man dann Hamlet oder den Schauspieler?"

„Was?", fragte ich verwirrt.

„Das ist vielleicht eher eine philosophische Frage, aber kann man aus dem Zuschauerraum heraus Hamlet treffen oder kann nur, sagen wir: Horatio Hamlet treffen, weil er Teil des Stückes ist?"

„Du bist verrückt."

„Nein, sag mal."

„Also gut. Wie war das? Wenn man einen Apfel – nein, ein Ei ..."

„Wenn man ein Ei auf Hamlet wirft, trifft man ..."

„Trifft man den, der Hamlet spielt. Ist doch logisch. Am Ende des Stücks beklatscht man ja auch die Leistung des Schauspielers, nicht das Leben des Hamlet."

„Eben."

„Eben was?"

„So hatte ich mir das auch gedacht. Aber wenn Horatio jetzt von der Bühne ginge und dich mitnähme, um dich Hamlet vorzustellen – würdest du Teil des Stückes –, und du könntest Hamlet sehr wohl mit einem Ei bewerfen, oder?"

„Nein. Shakespeare ist tot."

„Häh?"

„Na, der müsste das doch reinschreiben in das Stück. Woher sollte Horatio mich denn kennen? Der ist doch genauso fiktional wie Hamlet."

Pat stöhnte. „Aber wenn es jetzt jemanden gäbe, der quasi Teil des Stücks wäre und trotzdem real ... der könnte dich Hamlet vorstellen, oder?"

„Ich habe keine Ahnung, wovon du sprichst."

„So modernes interaktives Theater. Du weißt schon."

„Ja, meinetwegen, gut. Wenn wir alles, was die Fiktion von der Realität trennt, außer Acht lassen, kann es funktionieren."

Pat nickte zufrieden. „Eben", sagte er, und sein Kopf wippte autistisch, „dachte ich's mir doch."

Ich schaute ihn fragend an.

„Ich habe eine Idee", sagte er. „Vertrau mir. Wir treffen uns morgen um die gleiche Zeit wieder hier, okay?"

Erik Frandsen war nach diesem konfusen Dialog natürlich längst über alle Berge.

Als ich das *Bitter End* verließ, hatte ich vollkommen die Orientierung verloren und irrte ein wenig im Village umher. Ich suchte nach Straßenschildern, fand aber bestimmt eine Viertelstunde lang kein einziges. Schließlich sah ich einen aus der Entfernung vertrauenswürdigen jungen Mann unter einer Straßenlaterne stehen und wollte ihn in meiner Verzweiflung nach

72

dem Weg fragen. Erst als ich schon vor ihm stand, sah ich an seiner windschiefen Haltung und seinen halb geschlossenen Augen, dass es ein Junkie war. Er war vielleicht Mitte zwanzig und taumelte wie ein junger Baum im Wind, während er vor mir stand. Er schien nach Worten zu suchen, um mich zu begrüßen. Auf seinem T-Shirt war eine Illustration, die mich ein bisschen an die berühmte *Rolling Stones*-Zunge erinnerte: ein roter Mund mit leicht geöffneten Lippen, aus dem blaue Buchstaben heraustropften: T – H – E – N – A –M – E – S.

The Names schien der Name einer Band zu sein. Ich hatte nie von ihnen gehört. Ob die neu war? Oder war das eine obskure Gruppe, die zu Beginn des New-York-Punk im *CBGB* an der Bowery, die ganz in der Nähe sein musste, gespielt hatte? Der Name klang jedenfalls nach Kunststudenten oder ähnlichem. Ich hätte einfach weitergehen können, aber meine Gedanken hinderten mich daran.

„Baba, baba, baba!" Der Junkie hatte zwar keine Worte gefunden, aber immerhin kleinkindhafte Laute, sehr laute Laute sogar. Er schrie mich nämlich geradezu an: „Gadung! Gadung! Gadung!", rief er.

„Ich verstehe kein Wort", sagte ich.

„Uma childa nobo", sagte er nun etwas leiser.

„Ich würde Ihnen gerne helfen", sagte ich. „Aber ich habe keine Ahnung, wovon Sie reden. Do you speak English?"

Er zog eine Geldbörse aus der Gesäßtasche seiner dreckigen Jeans und gab sie mir.

„Distiptics in wine", sagte er und es klang tatsächlich täuschend echt nach etwas Englischem. Hatte er „wine" gesagt? „Insane today", sagte er. Das verstand ich.

„Sie wollen, dass ich Ihnen einen Wein kaufe?", fragte ich.

Er nickte.

„Wo?", fragte ich. Er zeigte auf die andere Straßenseite, wo sich wirklich ein paar Meter entfernt ein Deli befand. Ein Schild über der Tür blinkte wie ein Raumschiff: *Azarian's Astrodome* stand darauf und etwas kleiner darunter: „Great Jones Street". Nun wusste ich immerhin, wo ich war. Ganz in der Nähe von Suze Rotolos Apartment. Früher war die Gegend um die Great Jones Street ein sehr beliebter Treffpunkt für Dealer und Junkies gewesen. Das Verb „jonesing" ging sogar in die amerikanische Sprache ein, war der Slang-Ausdruck für den Jieper nach der jeweils gerade bevorzugten Droge.

Aber mittlerweile gab es auch in dieser Gegend vor allem teure Boutiquen und Spekulationsobjekte. Die Sucht, die hier befriedigt wurde, war längst eine andere. Ein Wunder also, dass mein Freund hier immer noch frei rumlief.

Der Deli war schmal und irre tief. Man musste sich durch einen engen Gang, vorbei an Obst, Kaffee, Spaghetti-Soßen, Softdrinks, Schokolade, billigem Plastikspielzeug, Truhen mit Tiefkühlburgern und -pizzen zum Weinregal zwängen. Die Auswahl dort war sehr begrenzt. Es gab einen Roten, einen Weißen und einen Rosé. Ich hatte meinen neuen Kumpel nicht gefragt, was er bevorzugte. Aber in seiner Verfassung hätte er wohl auch nicht antworten können. Der Rote schien mir der Richtige.

Am Tresen stand ein Mann mittleren Alters, vermutlich osteuropäischer Abstammung, vielleicht auch aus Vorderasien. Er war klein und kompakt, trug ein rotes Polohemd, seine Haare, die kurz oberhalb seiner mächtigen Augenbrauen ansetzten, hatte er mit Pomade zurückgekämmt. Er schaute mich finster an.

„That's all I need for tonight", sagte ich und stellte die Flasche auf den Tresen.

„Germany?", fragte er, und sein Gesicht hellte sich auf.

„Eh – yes", sagte ich.

„Du wollen Film?"

„Film?"

„Ja, toller Film", sagte er. „Toller Film. German ... äh ... deusch."

Er bückte sich unter den Tresen und tauchte mit einer Plastikhülle wieder auf, die er mir stolz übergab. Darin befand sich eine vermutlich raubkopierte DVD. Jedenfalls deutete das ebenfalls kopierte Cover darauf hin. Es zeigte ein schemenhaftes Schwarz-Weiß-Bild von – ja, doch, das war eindeutig: Adolf Hitler – oder doch zumindest ein für diese schlechte Bildqualität überzeugender Doppelgänger – mit bloßem Oberkörper. Er starrte mich beängstigend durchdringend aus dem Bild heraus an. Dahinter räkelte sich eine Frau mit hellen Haaren in einer Art Negligee. Über dem Foto stand in *Comic Sans* „SCHOSS-HUND" geschrieben – das Doppel-„S" allerdings in SS-Runen.

„What is this?", fragte ich einigermaßen verwirrt.

„Sexy", sagte er. „Sexy film. Very sexy!", sagte er.

„No. Thank you", sagte ich und versuchte meine Abscheu hinter einem deeskalierenden Grinsen zu verstecken.

„No, no", sagte der Mann. „You take film. Sexy! Very sexy!" Langsam wurde es unangenehm.

Ich schüttelte den Kopf. Er wurde ärgerlich. Ich auch.

„You German", sagte er als wäre das ein Beweis für irgendwas. „Take film! Sexy! Very Sexy! Deuschland, Deuschland!" Nun klang es wie ein Befehl mit angehängter Nationalhymne.

„No, no, no", sagte ich laut. Hektisch nahm ich einen Zehndollarschein aus meiner Geldbörse, legte ihn zusammen mit der DVD auf die Theke und rannte hinaus. Der aufgebrachte Kaufmann schrie mir etwas hinterher, das auf „you fuck" endete. Auf der anderen Straßenseite wartete der Junkie. Ich gab ihm die Flasche. Er nickte und versuchte wieder, etwas zu sagen. „Ainomatos", kam schließlich aus ihm heraus, dann noch mal: „Ainomatos". Klang wie ein alter Grieche. Mein Gegenüber schien jedenfalls glücklich mit dem Gesagten – oder mit dem Wein oder mit beidem. „Eisboanwissall ...", fuhr er fort und schüttelte nicht mehr ganz so glücklich sein Haupt. So als sei er betrübt, weil er den Satz vermasselt hatte. Er war sicher nicht die hellste Leuchte in Gottes Lampenladen. „Eisboasnwissallselänguitsches", sagte er schließlich, holte Luft und fuhr fort: „wissallselänguitschesinmeimaus!"

Ich nickte, verabschiedete mich mit einer Handbewegung, die eine Schutzwand zwischen ihm und mir errichtete und ging schnellen Schrittes zur U-Bahn. Erst als ich mich bereits im Zug befand, fiel mir ein, dass ich vergessen hatte, dem Junkie seine Geldbörse zurückzugeben. Ich holte sie aus meiner Jacke und schaute hinein. Sie fiel fast auseinander. Geld war keines darin. Nur ein kleiner Zettel mit einer Telefonnummer und einem Namen – Bucky Wunderlick. Ob das sein Dealer war?

76

Kapitel 7

FLUCHTEN

Am nächsten Morgen wachte ich mit einem Satz im Kopf auf: „I was born with all the languages in my mouth", lautete er. Ich hatte keine Ahnung, was er bedeuten sollte, aber ich konnte nicht aufhören, ihn wieder und wieder innerlich vor mich hin zu sagen, ihn schließlich sogar laut auszusprechen und in der Dusche vor mich hinzusingen. „Ei waos boohaaan wiss oooooooll se längiutsches in mai mauthhhhhh." Verrückt.

Meine Intuition war jedenfalls richtig gewesen. So viele dylaneske Erfahrungen wie in New York konnte man sonst an keinem Ort der Welt in so kurzer Zeit machen. Alles, was ich erlebt hatte, atmete irgendwie den Geist, der hinter Dylans Songs und Inszenierungen steckte. Ich war trotz des Verlaufs des vorigen Abends einigermaßen zufrieden, auch wenn ich keine Ahnung hatte, was von Pats Idee zu halten war. Vermutlich erinnerte er sich selbst nicht mehr daran. Aber es war unterhaltsam mit ihm, und er machte zumindest den Eindruck, als würde er verstehen, worum es mir ging.

Den Tag verbrachte ich wieder an der Upper West Side, schlich unter anderem ein paarmal um das *Dakota Building* herum, um seine unheimliche Aura zu atmen. Hier spielt „*Rosemary's Baby*", wohnte Boris Karloff, wurde John Lennon erschossen – vor dem Südportal. Ein seltsam faszinierender Ort, dieses um 1880 vom Inhaber des Singer-Nähmaschinenkonzerns im Renaissancestil erbaute Apartmenthaus, das seinen Namen tatsächlich erhielt, weil Upper Manhattan seinerzeit noch großenteils unbebaut war und jemand scherzte, man befinde sich hier sicher schon im Stammesgebiet der Dakota-Indianer.

Bob Dylan hat in einem Lied über John Lennon das *Dakota* mit dem US-Bundesstaat South Dakota verknüpft, in dem der amerikanische Bison noch in freier Wildbahn vorkommt. *„Take the righthand road and go where the buffalo roam"*, singt er dort, *„they'll trap you in an ambush before you know."*

Er komme wie Lennon aus dem Hinterland und fühle sich ihm daher besonders verbunden, hat Dylan dazu in einem Interview erklärt. Und so läuft zwischen den Zeilen dieses Stücks, dem er den Titel eines alten Folksongs gab, der in den frühen Sechzigern zu seinem Repertoire gehört hatte, in subtilen Anspielungen immer sein eigenes Leben mit – der Junge, der sein Talent nutzte, um aus der Provinz in die Welt hinaus zu ziehen, der gejagte Star, der vor großem Publikum für die billigen Plätze spielt – das ist auch er selbst.

Doch auf meiner Jagd, wenn man diese Suche denn so nennen will, interessierte mich der Star nicht. Ich wollte den Hamlet finden, den ich nach Pats Theorie vom Zuschauerraum aus nicht einmal mit einem Ei bewerfen konnte. Wofür gab es denn die verdammte Postmoderne, wenn nicht mal das möglich war?

Als ich ein bisschen zu früh im *Bitter End* eintraf, saß mein Freund schon Frandsen und unserer mysteriösen, wie man im Krimi wohl sagen würde: Zielperson gegenüber. Auf dem gleichen Stuhl wie bei seinem missglückten Versuch am Tag zuvor. Drei Flaschen Wein standen vor ihnen, und sie schienen sich gut zu unterhalten. Was auch immer seine Idee gewesen war, sie hatte funktioniert. Als ich allerdings näher kam, verstummte die lustige Runde. Frandsen und Pat schauten mich erwartungsvoll an, der Mann, der mir nun in seinem zerknitterten Jeanshemd und mit seiner Cordkappe auf dem Kopf noch einmal um etliche Jahre jünger erschien als am Abend zuvor, sah mit leeren Augen durch mich hindurch.

Pat stand auf und begrüßte mich. Dann stellte er mich vor.

„Erik, das ist Maik aus Deutschland, ich hab dir schon von ihm erzählt. Maik – Erik Frandsen."

„Schön dich zu treffen", sagte der alte Mann mit den buschigen Augenbrauen. „Wie geht's dir?"

„Es ist mir eine Ehre", erwiderte ich und knipste, nachdem ich mich neben Pat gesetzt hatte, das Diktiergerät an, das ich für den Fall der Fälle in meiner rechten Hosentasche trug.

Dann wendete Frandsen sich zu seinem Freund, der ein bisschen schwerhörig zu sein schien, jedenfalls sprach mein neuer Bekannter sehr laut und deutlich. „Bob, das ist Maik, der Typ aus Deutschland, von dem Pat eben erzählt hat."

„Hi, Maik", sagte Bob mit tiefer, rauer Stimme, erhob sich wie Frandsen zuvor ein paar Zentimeter von seinem Stuhl und gab mir die Hand. Es war eine sehr alte Hand, die gar nicht zum Rest seiner Erscheinung zu passen schien, doch als ich meinen erstaunten Blick wieder auf sein Gesicht lenkte, war es das eines Greises und nicht das des Jünglings, als den ich ihn eben noch identifiziert hatte. „Was führt dich hierher?", krächzte er und hustete.

„Ich suche nach ... Catfish."

Ich hatte es einfach gesagt, ohne lang zu überlegen. Weil es die Wahrheit war und ich schon allein aufgrund meiner Nervosität nicht imstande war, eine ausführlichere und verständlichere Beschreibung meiner Absichten zu liefern. Außerdem passte diese vermutlich für mein Gegenüber äußerst absurd erscheinende Antwort zu der mir selbst äußerst absurd erscheinenden Situation.

Frandsen nickte anerkennend. Jedenfalls sah es aus dem Augenwinkel betrachtet so aus.

„Catfish", sagte Bob. „Niemand kann den Ball werfen wie Catfish." Er summte leise eine Melodie, dann begann er zu singen:

„Take me out to the ball game,
Take me out with the crowd
Buy me some peanuts and Cracker Jack,
I don't care if I never get back.
Let me root, root, root for the home team,
If they don't win, it's a shame.

For it's one, two, three strikes, you're out,
At the old ball game."

Er nahm einen tiefen Schluck Wein und füllte gleich das Glas
wieder auf. „Kennst du das?", fragte er. „Das ist die inoffizielle
Hymne des größten Spiels der Welt. Und weißt du, warum es
das größte Spiel der Welt ist?"

„Keine Ahnung", sagte ich wahrheitsgemäß.

„Weil es das einzige Spiel ist, das nicht von der Zeit regiert
wird."

„Aha."

„Als ich jung war", erinnerte er sich, „spielte ich einem Typen
einen Song vor, den ich über Woody Guthrie geschrieben hatte,
und er fragte: ‚Hast du auch Lieder über Baseball-Spieler?'" Er
lachte und schüttelte den Kopf. „Hatte ich natürlich nicht. Aber
ich wusste, dass Roger Maris von den New York Yankees drauf
und dran war, den Home-Run-Rekord von Babe Ruth zu knacken.
Und er kam aus Hibbing, Minnesota. Genau wie ich! Darauf war
ich stolz. Und es gab noch andere berühmte Leute aus Minnesota. Charles Lindbergh, der es als erster mit dem Flugzeug
nonstop über den Atlantik geschafft hatte, kam aus Little Falls.
F. Scott Fitzgerald, den sie den ‚Propheten des Jazzzeitalters'
nannten, kam aus St. Paul. Sinclair Lewis, der den Literatur-
Nobelpreis gewonnen hatte, aus Sauk Center und Eddie Cochran
aus Albert Lee, Minnesota. Ich frage mich, ob Albert Lee auch
aus Eddie Cochran kommt." Er lachte und wir stimmten ein.

„Na, jedenfalls", fuhr er fort, „das waren Abenteurer, Propheten,
Schriftsteller, Musiker – und alle waren Nordlichter wie ich.
Jeder von ihnen hat sein eigenes Ding gemacht. Ich fühlte mich

damals, als wäre ich einer von ihnen oder alle von ihnen zusammen."

„Waren sie Helden für dich?"

„Ich glaube, jeder, der seinen eigenen Weg geht, ist irgendwie ein Held, oder nicht?" Er schob seine Kordkappe ein bisschen höher. „Ich meine, das ist nicht einfach. Ich bin schon früh von zu Hause weggelaufen, weil ich gemerkt habe, dass meine Eltern verklemmt waren. Klar, sie waren besorgt um ihre Kinder – aber nur in Bezug auf sich selbst. Was ich meine, ist, sie wollten, dass ihre Kinder ihnen Freude machten und sie nicht blamierten. Sie wollten stolz auf sie sein. Sie wollten, dass ich werde, was sie wollten, dass ich werde, wenn du verstehst, was ich meine. Als ich das merkte, bin ich davongelaufen. Sie haben mich immer wieder eingefangen, und ich bin immer wieder ausgebüchst. Und eines Tages habe ich mich einem Jahrmarkt angeschlossen und bin mit ihm über den Norden Minnesotas nach North und South Dakota gereist, da haben sie mich dann wieder erwischt. Mit achtzehn bin ich schließlich endgültig weggerannt. Ich bin gerannt und gerannt – und selbst als ich schon in New York war, bin ich noch weitergerannt."

„Warum?"

„Nur weil du dich frei bewegen kannst, bedeutet das ja nicht, dass du frei bist", erklärte er. „Ich bin so lange gerannt, bis ich von jedem und allem abgeschnitten war. Ganz allein in der Fremde, ohne einen Weg zurück. Da habe ich gemerkt, dass es nichts bringt, so weit und so schnell zu rennen, bis niemand mehr da ist. Das ist falsch. Das war nur noch ein Davonlaufen des Davonlaufens wegen. Also bin ich stehengeblieben. Ich muss vor nichts mehr weglaufen. Ich muss nichts sein, was ich nicht sein will."

Der letzte Satz machte großen Eindruck auf mich. Das hätte ich auch gern von mir gesagt, ohne dabei lügen zu müssen. Auch ich war, wie vermutlich jeder in einer bestimmten Zeit seines Lebens, mal auf der Flucht vor meiner Herkunft gewesen. Wenn auch auf eine weitaus weniger offensive Art. Ich rannte nicht weg im Alter von zehn Jahren, sondern flüchtete mich in Bücher und in Lieder, die mir eine andere Welt versprachen als die, die meine Eltern nach ihren Vorstellungen und Wünschen und sicher nach bestem Wissen und Gewissen für mich ausgewählt hatten. Es fühlte sich an wie ein Verrat, als ich ihre Welt nach der Schule schließlich tatsächlich hinter mir ließ, um all den Versprechungen zu folgen, die mir die Sänger und die Dichter gemacht hatten. Erst fünfzehn Jahre später, als ich schreibend meiner eigenen Spur folgte, meine Geschichte aufs Papier brachte und dabei noch einmal neu erfand, fiel die Schuld von mir ab.

„Würdest du also allen Zehnjährigen raten abzuhauen?", fragte ich neugierig.

„Um Gottes Willen, nein!", rief er und fuhr kurz hoch, als müsse er auf der Stelle Schlimmeres verhindern. „Jedenfalls nicht, weil ich es getan habe und um durchzumachen, was ich durchgemacht habe. Ich glaube, jeder muss seinen eigenen Weg in die Freiheit finden. Da kann einem niemand helfen."

„Aber die Musik war dir schon wichtig dabei, oder? Ohne die hättest du es nicht herausgeschafft aus dem Mittleren Westen?"

„Als ich so zehn Jahre alt war, fand ich in dem Haus, das mein Vater gekauft hatte, eine Gitarre und ein großes Radio aus Mahagoni. Und als ich den Deckel vom Radio nahm, war darunter ein Plattenspieler, und da lag eine alte Schellackplatte drauf, eine Country-Platte – der Song hieß ‚Drifting Too Far

From The Shore'. Ich schaltete das Gerät ein und legte die Nadel auf die Rille. Und der Klang dieser Platte gab mir das Gefühl, jemand anders zu sein. Also – ich fühlte mich, als wäre ich vielleicht nicht mal den richtigen Eltern geboren worden oder sowas. Und klar, der Grund, warum ich später an die Ostküste gereist bin, war der, Woody Guthrie zu treffen. Auch da ging es um Musik, um Songs. Er war mein Idol. Und ein paar Jahre später, nachdem ich ihn kennengelernt hatte, habe ich ein paar schlimme Sachen durchmachen müssen, und dann habe ihn besucht wie einen, dem ich etwas beichten will. Aber ich konnte ihm nichts beichten. Wir haben zwar miteinander gesprochen – viel sagen konnte er damals allerdings schon nicht mehr, dafür war er schon zu krank –, und das Reden hat auch irgendwie geholfen, aber im Grunde genommen hat er selbst mir überhaupt nicht helfen können. Das habe ich da endlich begriffen. Woody war also mein letztes Idol. Weil er nämlich das erste Idol war, das ich je getroffen habe, das mir von Angesicht zu Angesicht gezeigt hat, dass Menschen in jedem Fall einfach Menschen sind. So hat er sich selbst als Idol zerstört. Und ich habe begriffen, dass Menschen Gründe haben für das, was sie tun und was sie sagen, und dass jede Handlung hinterfragt werden kann."

„Und dann warst du frei?"

„Könnte man sagen, ja." Er nickte bekräftigend.

„Idole zu haben ist also eine selbst verschuldete Unmündigkeit?", fragte ich. „All die Leute, die dir folgen und deine Texte nach Antworten durchsuchen, liegen falsch?"

Er seufzte. „Wenn ich nicht Bob Dylan wäre, würde ich vermutlich selbst denken, dass Bob Dylan mir eine Menge Antworten geben kann."

„Und? Stimmt das?"

Er schaute mich mit dem Blick eines verschreckten Tieres an. „Vielleicht für sie. Für mich nicht. Oder vielleicht doch. Keine Ahnung. Bob Dylan ist keine Katze, er hat keine neun Leben, er kann nur tun, was er tun kann. Ich kriege viele Briefe von Menschen, die mich um Rat fragen, aber ich schreibe denen nicht, was sie zu tun haben. Ich kann nichts über Moral erzählen, ich kann nur moralisch handeln. Ich kann ihnen nur zeigen, wie ich lebe. Alles, was ich tun kann, ist letztlich, ich selbst zu sein."

„Und, was glaubst du, können andere davon etwas lernen?"

„Man kann von jedem etwas lernen. Von einem Kind kann man lernen, glücklich zu sein, niemals still zu sitzen und zu weinen, wenn man etwas haben will. Von einem Dieb kann man lernen, leise und bei Nacht zu arbeiten, nicht aufzugeben, ein Geheimnis zu bewahren, sein Leben zu riskieren und den Dingen nicht zu viel Wert beizumessen. Sogar von Zügen, Telefonen und Telegrammen kann man etwas lernen. Der Zug lehrt dich, dass in einer Sekunde alles vorbei sein kann, das Telefon, dass alles, was du *hier* sagst, *dort* gehört werden kann und das Telegramm, dass alle Wörter gezählt und mit der *Master Card* abgerechnet werden."

„Und wenn du Rat suchst? Wen fragst du?"

„Ich frage die alten Songs", sagte er, und es klang fast wie eine Frage an mich – so als müsste ich wissen, dass es keine andere Antwort geben konnte. „Die sind mein Gebetbuch und mein Lexikon. Alles, woran ich glaube, kommt aus diesen alten Liedern – im wahrsten Sinne des Wortes von ‚Let Me Rest On That Peaceful Mountain' bis ‚Keep On The Sunny Side'. Du kannst meine ganze Philosophie in diesen alten Songs finden.

Ich glaube an einen Gott von Zeit und Raum, aber wenn Leute mich danach fragen, ist mein erster Impuls, sie auf diese Lieder zu verweisen. Ich glaube an Hank Williams, wenn er ‚I Saw The Light' singt. Auch ich habe das Licht gesehen."

„Aber kannst du verstehen, dass viele auch in deinen Liedern ein Lexikon oder Gebetbuch sehen?"

„Was meine Songs von denen anderer Leute unterscheidet, ist, dass sie auf einem starken Fundament stehen", sagte er. „Das ist der Grund, warum sie immer noch da sind, warum sie immer noch gesungen werden. Nicht, weil sie so groß oder so kommerziell wären. Sie wurden nicht geschrieben, um von anderen Leuten gespielt und gesungen zu werden. Aber sie haben eine starke Fundierung, und das ist es, was die Leute unterbewusst hören."

„Hören sie nicht auch jemanden, der dahinter steht? Einen Körper, einen Typen mit einer Geschichte?"

„Kann schon sein."

„Dich?"

„Ja, vermutlich. Wer immer das auch ist."

Er spitzte den Mund und schaute zur Tür.

„Gut, ich werde euch mal allein lassen", sagte er. „Aber ihr solltet euch beeilen und überlegen, wer hier welche Rechnung übernimmt, bevor sich alle in Luft auflösen."

„Ich übernehme das", sagte ich. „Sag mir nur, wo ich dich finden kann."

Er zeigte zur Tür und sagte: „Ewigkeit."

„Ewigkeit?", fragte ich mit, wie mir schien, eiskalter Stimme.

„Ganz richtig", sagte er, „Ewigkeit. Du kannst es auch das Paradies nennen."

„Ich werde ihm keinen Namen geben", sagte ich.

„Okay", sagte er. „Wir sehen uns." Stand auf. Und ging zur Tür.

Pat sah mich strahlend an, Erik goss sich grinsend den Rest aus Bobs Flasche ins Glas.

„Was sagst du nun?", fragte Pat.

„Ich bin sprachlos", sagte ich. „Wie hast du das gemacht?"

„Das bleibt mein Geheimnis. War doch für ein erstes Treffen ganz okay, oder?"

„Mehr als das. Aber – ob wir ihn je wiedersehen werden?"

„Klar doch", sagte Erik. „Er ist ja jeden Abend hier."

„Und du meinst, er wird uns nicht wieder anschweigen, so wie gestern?"

Erik schüttelte den Kopf und lachte. „Das Eis ist gebrochen."

„Du stehst jetzt auf der Bühne", ergänzte Pat kryptisch und zwinkerte mir zu.

Ich ging zur Toilette, und als ich zurückkam, war Pat verschwunden. Auch von Erik fehlte jede Spur. Ich ging zum Tresen, wollte zahlen, aber die Barfrau schaute mich nur skeptisch an.

„Willst du nicht erst mal was bestellen, bevor du bezahlst? Ein Bier? Oder besser einen Kaffee? Du siehst ziemlich fertig aus. Alles okay?"

Sie drehte die Stereoanlage hinter sich lauter. „I am he as you are he as you are me and we are all together", schallte es durch das Lokal. Ich bestellte einen Jägermeister.

Kapitel 8

FÜNFTER STOCK

War ich verrückt geworden oder waren es die anderen? Drei Bier später war ich immer noch davon überzeugt, dass mich der seltsamerweise überhaupt nicht mehr maulfaule Mann tatsächlich in seine Welt hineingelassen hatte. Da störte es mich herzlich wenig, dass die Frau hinter der Theke sich nicht an uns erinnerte – Zeche geprellt und doch ein reines Gewissen. Was kann es Schöneres geben? Euphorisch fuhr ich nach Hause. Doch am Ziel war ich noch lange nicht, wie sich an den nächsten Abenden herausstellte. Bob tauchte nämlich nicht mehr auf. Nach etwa einer Woche hatte ich mich damit abgefunden, dass dies wohl meine einzige Begegnung mit ihm bleiben würde, und ging nur noch aus Gewohnheit ins *Bitter End*, um mich dort mit Pat zu treffen. An einem Abend zogen wir danach noch ins East Village weiter, wo Freunde von Pat eine Party in einem besetzten Haus feierten. Mir war gar nicht klar, dass es so etwas im durchgentrifizierten Manhattan überhaupt noch gab – selbst in Berlin hätte vermutlich längst jemand ein teures Ferienwohnungsdomizil aus dem Kasten gemacht.

Die Wände im Treppenhaus waren voller expressionistischer Malereien, die an die Holzschnitte von Lynd Ward erinnerten – winzige Menschen inmitten eines bedrohlichen Häusermeers, Musiker mit großen Trompeten, Saxofonen und Posaunen, die gegen Panzer und Soldaten mit Gewehr im Anschlag anbliesen, eine langhaarige Frau, die auf einer Mülltonne stehend einem Polizisten ins Gesicht trat. Eric Drooker hatte solche Sachen in den Achtzigern gemalt. Gegenkultur-Kitsch eigentlich.

Wir gingen die klischeehaft gespenstisch knarzenden Holztreppen hinauf. Die ersten vier Stockwerke schienen vollkommen unbewohnt zu sein. Als wir uns dem fünften näherten, hörten wir Stimmen und leise Musik. Schließlich betraten wir durch eine Wohnungstür mit der Nummer 300 – am Klingelschild stand „E. Blake" – einen riesigen, spärlich beleuchteten Raum. An den Wänden standen ein paar Sofas, auf denen ziemlich unbeteiligt vor sich hin starrende Hipster saßen, einige trugen mit Blumen bestickte Samthemden, andere Lederjacken. Als ich weiter in den Raum hinein trat, sah ich in der hintersten Ecke auch einige Paare allerlei Geschlechts eng umschlungen auf den Couches liegen. Dazu lief kaum hörbar eine Playlist mit Songs von Dolly Parton, Porter Wagoner, Loretta Lynn, Tammy Wynette, George Jones, Hank Snow und Merle Haggard – schien das neue Ding zu sein, dieser alte Country. Pat war irgendwo verschwunden und kam wenig später mit zwei Gin Tonic zurück.

„Was ist das hier?", fragte ich. „Und warum wirst du nicht begrüßt, wenn das deine Freunde sind?"

„Die sind vermutlich alle schon drauf."

„Wo sind die drauf?"

„Die nehmen irgendwelche Amphetamine um hoch und Gras um wieder runterzukommen. Hier ist alles ziemlich Old School."

„Ja, die Musik deutet darauf hin. Merle Haggard würde sich bei diesem Auditorium im Grabe umdrehen, wenn er schon drin wäre."

„Ist er noch nicht?"

„Ich glaube nicht. Den Ärger will der Teufel sich noch ein bisschen ersparen."

Wir gingen durch einen langen Flur in einen helleren Raum, der von unheimlich flackernden Neonröhren beleuchtet war. Musik lief hier nicht, aber alle Anwesenden redeten pausenlos, sie schienen mit dem Runterkommen noch ein bisschen warten zu wollen. Einige von ihnen waren kostümiert wie Superhelden. Das heißt, ich weiß nicht, ob es wirklich Superhelden waren. Die mir bekannten wie *Superman*, *Captain America*, *Batman*, *Cat Woman*, *the Incredible Hulk* oder *Spiderman* waren nicht darunter, auch niemand von den *X-Men* oder den *Fantastic Four*. Die Leute trugen eher Variationen all dieser Outfits. Eine besonders aufreizende junge Dame war in einem glänzenden Latex-Look gekommen – schwarze hohe Stiefel, Strapse, eine Art schwarzen glänzenden Badeanzug und darunter (!) ein gelbes, eng anliegendes Dress. Ihre Freundin, mit der sie sich unterhielt, trug die gleiche Farbkombination, allerdings im 50s-Look mit Lederstiefeln und Kleidchen. Auch ihre Frisur war retro, im Rockabilly-Style.

„Wir erfüllen hier wohl nicht ganz den Dress-Code", bemerkte ich.

„Ich habe keine Ahnung, wo die alle herkommen", sagte Pat ein wenig ratlos.

Ein ziemlich zwielichtiger Herr in einem dunklen Anzug mit einem großen Koffer sprach mit einer jungen Frau im Abendkleid: „Nenn mir einen, der kein Parasit ist, und ich werde für ihn beten", sagte er. Und die Frau kicherte. „Ist noch Kuchen da?", fragte sie.

„Hey Pat, schön dich zu sehen."

Ein dürrer, dunkelhäutiger, in schwarz gekleideter Typ, der mit seiner wuscheligen, rot gefärbten Mähne aussah wie eine Wunderkerze, kam auf uns zu und umarmte meinen Freund.

„Hey Louis", rief Pat erfreut und zeigte auf mich. „Das ist Maik – aus Deutschland."

Louis stand stramm und setzte zum Militärgruß an. „Guten Abend, mein Herr", salutierte er mit preußischer Zackigkeit. Er trug, wie mir erst jetzt auffiel, passend zu seinen Haaren grellroten Lippenstift.

„Eigentlich ist er Anarchist", erklärte Pat.

„Gib dem Anarchisten mal eine Zigarette", sagte Louis. Pat zündete sich eine an, tat zwei Züge und gab sie ihm. „Hier Bruder."

„Danke, Mann", sagte Louis und blies Rauch aus.

„Und auf was bist du gerade so drauf?", fragte Pat.

„Dieser Typ hat mir zwei Mittelchen gegeben", kicherte Louis. „Das eine war Texasmedizin und das andere Eisenbahn-Gin. Und wie ein Narr hab ich sie gemischt und so mein Hirn erhängt."

Er klang plötzlich wie eine Shakespeare-Figur und fuhr fort: „Und jetzt werden die Leute hier immer hässlicher, ihr zwei Hübschen natürlich ausgenommen, und ich habe kein Zeitgefühl mehr. Wie spät ist es denn?"

„Elf", sagte Pat.

„Oh, heilige Maria, kann das schon das Ende sein?", rief Louis mit melodramatisch weit von sich gestreckten Armen. Dann rannte er wie paranoid davon.

„Ganz schön stickig hier, nicht wahr?", sagte Pat. „Man kann kaum atmen. Und alle haben sich schon ausgeknipst. Ich glaube, Louis hat recht, der Abend ist tatsächlich gelaufen."

„Lass uns doch noch mal in das andere Zimmer gehen", sagte ich. „Vielleicht ist ein Sofa frei."

Wir fanden eine unbesetztes Couch an einem geöffneten Fenster. Die Country-Songs vermischten sich mit dem Straßenlärm und klangen alle nach Heimweh; ich konnte mir keinen besseren Soundtrack vorstellen, hier inmitten der Großstadt, in der alle auf irgendwas zu warten schienen.

Als ich mich verabschiedete knutschte Pat mit einem aufgedrehten blonden Mädchen namens Edie. Ich verließ die Party kurz nach Mitternacht. Das Treppenhaus war vollkommen dunkel. Als ich mich vorsichtig in den vierten Stock hinunter-

92

getastet hatte, hörte ich von weiter unten ein leises „Klick", und der Strahl einer Taschenlampe zog seine Bahnen, tastete die Wände entlang, bis er mir mitten ins Gesicht schien.

„Wer da?", fragte eine Stimme. Vermutlich ein Polizist oder Nachtwächter, der die illegale Party sprengen wollte. Er nahm die Taschenlampe herunter, und ganz allmählich zeichnete sich seine Gestalt vor meinen Augen ab. Zunächst sah ich zwischen den bunten Punkten auf meiner Netzhaut seinen braunen Trenchcoat und einen dazu passenden Hut mit violettem Band.

„Wer bist du?", fragte mich der Mann.

Er war wohl Mitte sechzig. Sein Gesicht war von tiefen Furchen durchzogen und von seltsamen schwarzen Flecken entstellt. Seine gesamte Erscheinung war gleichermaßen einschüchternd wie abstoßend und mir schlug ein übler Mundgeruch entgegen.

„Guten Abend", sagte ich schüchtern und versuchte mich an ihm vorbeizudrücken. „Da oben ist eine ... eine Art Party. Ich habe da mal vorbeigeschaut."

„Manchmal bin ich mir nicht sicher, ob ihr die Verrückten seid oder ob ich es bin, der irr geworden ist", schnarrte der Mann. „Du weißt, dass das die Wohnung von dem Typen ist, der Präsident Kennedy auf dem Gewissen hat?"

„Was? Aber da stand doch E. Blake an der Tür", sagte ich dümmlich.

Er lachte. „Ja, Edward Blake. Leider schon tot. Lange Geschichte. Aber darum geht es jetzt nicht. Was weißt du über diese Leute dort oben in seiner Wohnung?"

„Ich? Nichts. Keine Ahnung. Ein Freund hat mich mitgenommen."

„Hast du einen Typen gesehen mit blauem Gesicht und blauen Händen?", fragte der Mann. „Er ist groß, ziemlich muskulös – sag schon!" Der fleckige Alte wurde ungeduldig.

„Nein", sagte ich schließlich. „Ich kann mich nicht erinnern, so jemanden gesehen zu haben."

„Du scheinst dir nicht so sicher zu sein. Sollen wir es überprüfen?" Er fasste mich am Arm, ich riss mich los.

„Moment mal, Mister. Ganz ruhig. Was wollen Sie eigentlich von mir? Ich komme aus Deutschland und bin rein zufällig hier gelandet. Und jetzt", ich baute mich vor ihm auf und versuchte meine Stimme kraftvoll und Respekt einflößend klingen zu lassen, aber sie verrutschte mir, klang schrill und viel zu zittrig, „würde ich gerne gehen!"

„Aha", sagte er. „Hat dich Adrian Veidt geschickt?"

„Was? Wer?"

„Tu nicht so. Du weißt genau, wer Adrian Veidt ist."

Er packte mich erneut, aber es gelang mir wieder, mich loszureißen, und ich stürmte die Treppen runter.

„Ihr verfickten Arschlöcher", hörte ich ihn noch schreien, aber dann stand ich auch schon auf der Straße, immer noch ein bisschen panisch, und erst als ich endlich mit dem *D Train* Richtung Brooklyn fuhr, wurde ich wieder ruhiger. Ich nahm mir vor, dieser Begegnung nicht zu viel Bedeutung beizumessen, denn eigentlich hatte ich den Abend genossen. „Aber wer ist Adrian Veidt?", dachte ich im Bett liegend und die asiatischen Ausdünstungen von nebenan atmend. Dann fiel ich in einen traumlosen Schlaf und wachte erst gegen Mittag auf.

Kapitel 9

ÜBER DEN RICHTIGEN UMGANG MIT STAUB UND RUHM, FRISUREN ALS POLITIKUM, DIE RELIGION UND DIE APOKALYPSE

Am nächsten Abend waren wir wieder im *Bitter End*. Ich fragte Pat nach Edie, aber er schaute mich so verständnislos an, als spräche ich Mandarin oder mindestens Kantonesisch. „Eigentlich hätten wir wissen müssen, dass er nicht zurückkommt", sagte er stattdessen – wahrscheinlich, um vom Vorabend abzulenken.

„Was? Wer?"

„Na, Bob. Er hat uns ja ziemlich klar gemacht, was er von Idolen hält und von Leuten, die ihnen folgen."

„Ja, aber er hat auch gesagt, dass wir uns wiedersehen."

„In der Ewigkeit."

„Ja, aber er hat nicht gesagt, dass ich eine Ewigkeit warten muss, bis wir uns in der Ewigkeit treffen."

„Besonders präzise war er nicht, das stimmt."

„Gibt es vielleicht eine Bar, die so heißt – *Eternity?*"

„Hahaha, kann gut sein."

Er tippte auf seinem Telefon herum.

„Stimmt, es gibt tatsächlich eine *Eternity Lounge!* In Queens! Wollen wir die morgen mal auschecken?"

„Und wenn er dann ausgerechnet morgen hierherkommt? Dann verpassen wir ihn."

„Dann fährt halt einer von uns nach Queens und der andere bleibt hier."

Er fischte mit einiger Anstrengung einen Dime aus der Tasche seiner viel zu engen Hose. „Kopf bedeutet, du fährst nach Queens, Zahl bedeutet, ich fahre. Okay?"

„Okay."

Er warf die Münze, fing sie auf, und klatschte sie auf den Tresen.

„Zahl – ich fahre."

„Wenn du meinst."

„Keine Angst, ich rufe sofort an, wenn ich ihn gefunden habe."

Als ich jedoch am folgenden Abend das *Bitter End* betrat, saß Bob wieder an seinem Stammplatz und grüßte mich schon, als ich herein kam. Er trug einen grauen Hoodie, die Kapuze hochgezogen, und eine verspiegelte Sonnenbrille. Wenn man zu einem Interview geht und jemand trägt ein solches Ding in einem geschlossenen Raum auf der Nase, kann man normalerweise direkt wieder gehen. So wie damals, als Yoko Ono mich in einer abgedunkelten Suite im Berliner *Kempinski* empfing. Ich konnte sie zunächst nur schemenhaft erkennen. Sie saß auf einem sehr langen Sofa. Man bot mir den von ihr am weitesten entfernten Sessel an. Als sich meine Augen an die Dunkelheit gewöhnt hatten, sah ich, dass meine Gesprächspartnerin eine riesige dunkle Puck-Brille trug. Sie erinnerte wirklich an ein Insekt, wie sie da in der Sofaecke kauerte. Sie kann mich kaum gesehen haben. Und besonders herzlich verlief dieses Interview dann auch nicht. Mit mir zu reden war für sie ein unangenehmer Pflichttermin gewesen, dem sie ohne jede Begeisterung nachgekommen war. Ich war lange genug dabei, um so was nicht mehr persönlich zu nehmen. Aber hier und jetzt wünschte ich mir, dass sich das nicht wiederholte.

„Und? Hast du Catfish gefunden?", fragte Bob grinsend, als ich mich zu ihm setzte.

„Naja, es ist nicht *der* Catfish. Der Catfish, den ich meinte, ist eher eine Illusion. Dachte ich jedenfalls", sagte ich und schaute ihn an, doch es irritierte mich, dass ich mich in seinen Brillengläsern spiegelte.

Bob lachte. „Das war tatsächlich früher mal der Grund, warum sie nach New York kamen. 150 Jahre lang."

„Was? Wer?"

„Na, die Illusion. Alle kamen wegen der Illusion nach New York."

„War es bei dir auch die Illusion, die dich hergeführt hat?"

„Na klar. Wir haben doch gestern schon drüber gesprochen. Woody Guthrie war die Illusion, die mich hierher geführt hat. Geblieben bin ich, weil ich von den kosmopolitischen Reichtümern des Geistes geträumt habe, könnte man sagen."

(Erst jetzt, beim Verschriftlichen meiner Aufzeichnungen, wird mir bewusst, was für seltsame Formulierungen er manchmal benutzte: „the cosmopolitan riches of the mind". Als er das seinerzeit sagte, mit dieser unverwechselbaren Stimme, und auch eben, als ich es auf dem Diktafon wieder hörte, klang es ganz natürlich, wie aus einem alten Lied, das man schon jahrzehntelang kennt: „the cosmopolitan riches of the miiiiiind".)

„Und ist dieser Traum in Erfüllung gegangen?"

„Irgendwie schon, ja. Da war jede Menge Platz und da waren Menschen aus ganz Amerika – von überall her! Ich habe einen Seemann kennengelernt, der die ganze Welt gesehen und von einem Baptistenprediger aus South Carolina das Gitarrespielen gelernt hatte, einen Typen, der mit Delfinen sprechen konnte, und einen anderen, dessen Vater ein kubanischer Erfinder und dessen Mutter eine irische Mystikerin war, er kannte Ernest Hemingway persönlich und hatte mit einem Typen studiert, der Thomas Pynchon hieß – irrer Name, oder? Pynchon! Klingt wie eine Schlange. Nun ja, der heilige Thomas war ja auch irgendwie eine Schlange, oder? Und ich traf die Enkelin eines mexikanischen Methodistenpriesters, deren Vater eine große Nummer in der Röntgenmikroskopie war, einen blinden Mann mit langem Bart, der sich wie ein Wikinger kleidete und komponieren konnte wie Johann Sebastian Bach, eine italienische Kommunistin aus Queens, deren Eltern mit einem sowjetischen Spion befreundet waren, und einen jüdischen Cowboy aus Brooklyn, der singen konnte wie Woody Guthrie. Da waren viele interessante Typen. Aber vor allem war da jede Menge Staub."

„Staub?"

„Ja, Staub. Überall war Staub. Die Clubs waren staubig, die Wohnungen waren staubig, die Straßen waren staubig, die Klamotten, die die Leute am Leib trugen, waren staubig, genauso wie die Bücher, die sie lasen, und die Lieder, die sie sangen. Das war kein Madison-Avenue-Ding, wenn du verstehst, was ich meine. Es ging im Village nicht um Glanz oder Glamour, die harte Währung war Staub. Je staubiger etwas war, desto besser. Jahrelang habe ich nichts anderes studiert als Staub. Man kann alles Mögliche darin finden. Das ganze Land und die gesamte Geschichte, Partikel, die Abraham Lincoln schon ausgeatmet hat oder Buddy Holly. Wir sind nichts als Staub und Schatten, heißt es schon bei den Römern. Ich kann dir Angst in einer Handvoll Staub zeigen – ich glaube, T. S. Eliot hat das gesagt. Man muss den Staub kennen, bevor man ihn aufwirbelt – das habe ich gesagt."

Er setzte Kapuze und Brille ab. Er trug eine Art Afro oder wohl besser Jewfro. Sein Gesicht war nicht fahl, sondern wirkte fast durchsichtig, man konnte kleine blaue Äderchen darin erkennen – wie eine Landkarte mit vielen kleinen und großen Flüssen sah das aus. Seine eisblauen Augen perforierten mich. Er trommelte ungeduldig mit seinen langen spinnenartigen Fingern auf den Tisch.

„Und so bist du zu zum Star geworden– durch's Staubaufwirbeln?", fragte ich.

„Ach", er winkte ab. „Das war Fahrlässigkeit."

„Man kann durch Fahrlässigkeit zum Star werden?"

„Ich habe meine große Liebe verloren", sagte er und schaute dabei wehmütig in die Ferne, die in geschlossenen Räumen bekanntlich schon an der nächsten Wand endet. „Das nächste, an das ich mich erinnere, ist, wie ich an einem Tisch sitze und Karten spiele", fuhr er fort. „Dann irgendein Würfelspiel. Ich wache in einer Billardhalle auf, dann zieht mich diese mächtige mexikanische Dame vom Tisch und nimmt mich mit nach Philadelphia. Sie lässt mich allein in einem Haus und brennt es nieder. Ich schlage mich schließlich irgendwie nach Phoenix durch. Ich bekomme einen Job als Chinese. Ich arbeite in einem Plunderladen und ziehe bei einem 13-jährigen Mädchen ein. Dann kommt diese dicke Mexikanerin aus Philadelphia und brennt wieder das Haus ab. Ich gehe runter nach Dallas. Ich krieg einen Job als ‚Vorher' in einer ‚vorher/nachher'-Kampagne für ein Fitnessstudio. Ich ziehe bei einem netten Botenjungen ein, der fantastisches Chili und Hot Dogs machen kann. Dann kommt das 13-jährige Mädchen aus Phoenix und brennt das Haus nieder. Der Botenjunge ersticht sie – so nett ist er also wohl doch nicht gewesen –, und das nächste, an das ich mich erinnern kann, ist, dass ich in Omaha bin. Es ist so kalt, dass ich meine eigenen Fahrräder klaue und meinen eigenen Fisch brate. Ich kriege irgendwie durch Zufall einen Job als Vergaser bei diesen Autorennen, die jeden Donnerstagabend stattfinden. Ich bin bei einem High-School-Lehrer eingezogen, der auch manchmal nebenbei ein paar Klempnerarbeiten macht und nicht besonders toll aussieht, aber einen speziellen Kühlschrank gebaut hat, der Zeitungen in Kopfsalat verwandeln kann. Alles läuft gut, bis dieser Botenjunge wieder auftaucht und versucht, auch mich zu erstechen. Ich muss wohl nicht sagen, dass er das Haus abgebrannt hat, bevor er verschwand. Der Typ, der mich dann aufgelesen hat, hat mich gefragt, ob ich ein Star werden will. Was hätte ich sagen sollen?"

„Und dann kam der Ruhm?"

„Nein, dann kam die Lungenentzündung."

„Vom ganzen Staub?"

„Ja", er hustete. „Ja, könnte sein. Irgendwelche Werbeschilder lassen dich glauben, du wärst derjenige, der tun kann, was noch keiner vor dir getan hat, der gewinnen kann, was noch keiner vor dir gewonnen hat. In der Zwischenzeit zieht das Leben draußen an dir vorbei. Du verlierst dich und tauchst wieder auf, und plötzlich merkst du, dass du nichts zu fürchten hast. Du stehst allein da, niemand ist bei dir und dann hörst du eine zitternde Stimme undeutlich in der Ferne und schreckst auf, als deine tauben Ohren hören, dass jemand denkt, er hätte dich tatsächlich gefunden. Eine Frage leuchtet in deinen Synapsen auf, doch du weißt, es gibt keine befriedigende Antwort, die darauf passt, die dir versichern kann, dass du nicht gehen sollst, dass du vergessen sollst, dass es nicht er oder sie oder die da sind, zu denen du gehörst. Obwohl die Herrschenden die Regeln für die Narren und die Weisen machen, habe ich nichts für mich darin gefunden. Ich habe mich umgeschaut und die Leute gesehen, die mich regieren und diese Regeln für mich machen. Und die hatten keine Haare auf dem Kopf – und da fühlte ich mich irgendwie unwohl. Die sprachen über Neger und über Schwarz und Weiß. Aber für mich gab es kein Schwarz und Weiß, kein Links und Rechts mehr. Es gab nur noch Hoch und Runter. Und Runter bedeutete ganz nah am Boden. Und ich wollte nach oben, ohne an sowas Triviales wie Politik denken zu müssen. Ich habe dann lieber geschauspielert als irgendwelche politischen Lieder zu singen. Ich war Holden Caulfield in einer Verfilmung von ‚Catcher In The Rye'."

„Ehrlich? Das habe ich nie gesehen."

Er zuckte gleichgültig mit den Schultern. „Ist nie erschienen. Zu gefährlich vermutlich."

„Wann war das?"

„Das muss kurz nach dem Tod von Kennedy gewesen sein, und ich musste mir eingestehen, dass Lee Oswald, der ihn erschossen hatte ..."

„War das nicht ein Typ namens Blake? Edward Blake, glaube ich."

„Wer hat dir das erzählt?", fragte er scharf nach.

„So ein Nachtwächter. Gestern Abend."

„Mit so schwarzen Flecken im Gesicht?"

„Ja. Kennst du ihn?"

„Ja", er lachte. „Flüchtig. Hör nicht auf ihn."

„Er schien ein bisschen irr zu sein."

„Jeder sieht in ihm, was er in ihm sehen will."

„Kann schon sein. Er war irgendwie – unheimlich. Aber erzähl weiter, ich habe dich unterbrochen. Lee Harvey Oswald also."

„Ja, ich meine, ich habe keine Ahnung, was die Motive von diesem ... Attentäter waren, aber ich sah mich selbst in ihm. Ich sah Dinge, die er fühlte, in mir – nicht, dass ich so weit gegangen wäre zu schießen, aber ..."

„Weil du gegen Gewalt bist?"

„Nein, ich meine, Lee Harvey Oswald hatte kurze Haare, kürzer als die von Kennedy, so kurz wie die meisten Gefängniswärter sie tragen. Und Leute mit kurzen Haaren frieren leicht. Die versuchen ihre Verfrorenheit zu verstecken und werden eifersüchtig auf die Leute mit längeren Haaren. Dann werden sie entweder Friseure oder Kongressabgeordnete."

„Worauf willst du hinaus?"

„Ist dir mal aufgefallen, dass Abraham Lincoln längere Haare hatte als sein Mörder John Wilkes Booth?"

„Glaubst du etwa wirklich, Lincoln hat seine Haare länger getragen, um seinen Kopf zu wärmen?"

„Eigentlich denke ich, das hatte medizinische Gründe, aber das geht mich nichts an", sagte er, wiegte seinen Kopf und kaute an seinem Zeigefinger. „Doch man kann sich ja ausrechnen", fuhr er nach kurzer Bedenkzeit fort, „dass alle Haare in deinem Kopf auf deinem und um dein Gehirn herum liegen. Mathematisch gesehen: Je mehr du davon aus deinem Kopf herausbekommst, desto besser. Leute, die freie Geister sein wollen, vergessen oft, dass man dazu ein freiliegendes Gehirn haben muss. Und, klar, wenn du dein Haar aus deinem Kopf herausbekommst, ist dein Gehirn ein bisschen freier."

„Klingt plausibel. Und deswegen hast du deine Haare wachsen lassen?"

„Ganz genau. Ich wollte nicht mehr der Alte sein, wenn du verstehst, was ich meine. Ich habe der Lüge der kahlköpfigen Menschen, das Leben sei entweder schwarz oder weiß, nicht mehr getraut und dieser ganzen Romantik mit dem edlen Kämpfer für das Gute auch nicht. All die auswendig gelernten Fakten über Politik und Geschichte haben mich nicht mehr interessiert, ich wollte nicht irgendwelchen selbsternannten Predigern und Professoren folgen, die verkündet haben, Gleichheit und Freiheit wären dasselbe."

„Das Streben nach Gleichheit ist das Ziel des Kommunismus und das Streben nach Freiheit ist das Ziel des Liberalismus. Das sind schon sehr unterschiedliche Dinge."

„Mir waren diese ganzen Ismen schon immer ziemlich egal",
sagte er trotzig. „Um ehrlich zu sein, eigentlich müsste es Kommu-
warmus und Liberawarmus heißen, weil das, was sie bezeichnen,
nicht ist, sondern war. In irgendwelchen Köpfen. Vor langer Zeit.
Ich habe mich jedenfalls irgendwann gegen diese ganzen räu-
digen Hunde, die mir sagen wollten, wie die Welt ist, gewehrt,
und habe zunächst nicht dran gedacht, dass ich selbst dabei
mein ärgster Feind sein könnte. Aber ich habe den Stimmen
widerstanden, die mir gesagt haben, ich müsste irgendwas bewahren. Und so habe ich gelernt, gut und böse für mich selbst
zu definieren. Ich habe noch mal neu angefangen und war
plötzlich jünger als davor."

„Du meinst, wenn die Leute einem sagen, wie die Welt ist,
sollte man sich einfach eine andere ausdenken?"

„Das ist ja eh klar, oder? Das macht doch jeder. Wenn ich
‚Haus' sage, stellst du dir doch was anderes vor als ich, oder?"

„Ja, natürlich."

„Und das gleiche gilt für Freiheit und für Gleichheit und für
Gott und für Kürbisse, oder nicht?"

„Ich denke schon."

„Und deswegen spreche ich in der Regel nicht so viel", sagte
er und schwieg. Und ich schwieg auch. Nach etwa einer Minute
fuhr er fort. „Weil es falsch ist", sagte er. „Oder besser: weil die
Leute es anders verstehen als ich es sage. Die Kunst, die ich mache,
ist meine Sache – das ist keine gemeinschaftliche Veranstaltung."

„Aber du hast doch ein Publikum – Leute, die dir zuhören."

„Ja, aber die müssen sich dann eben auf meine Form der
Wahrheit einlassen."

„Gibt es nur subjektive Wahrheiten?"

„Es kümmert mich nicht, ob etwas der Wahrheit entspricht. Jedenfalls nicht, wenn es um das geht, was alle ‚die Wahrheit' nennen. Ich interessiere mich nicht dafür, was ist, sondern dafür, was hätte passieren sollen oder passieren können. Das ist eine andere Form von Wahrheit."

„Du bist doch religiös, oder? Haben Religionen nicht einen exklusiven und ultimativen Wahrheitsanspruch?"

„Religion soll doch angeblich eine Kraft des definitiv Guten sein. Aber wo auf der Welt kann man auf die Menschheit schauen und sagen: ‚Die Menschheit ist durch eine göttliche Macht emporgehoben worden?'"

„Aber du glaubst doch an Gott."

Er seufzte. „Ja, was immer das auch heißt. In letzter Zeit hört man ja wieder sehr viel von Gott – Gott, der Wohltäter; Gott, der Allergrößte; Gott, der Allmächtige; Gott, der Allermächtigste; Gott der Lebensspender; Gott, der Schöpfer des Todes. Ich meine, wir hören die ganze Zeit all diese Dinge über Gott, also sollten wir irgendwie lernen, damit umzugehen. Aber wenn wir überhaupt irgendwas über Gott wissen, dann dass Gott arbiträr ist. Also sollten die Leute besser auch damit klar kommen."

„Arbiträr heißt doch willkürlich, oder? Ich meine, für viele, die an ihn glauben, scheint Gott doch eher etwas sehr Bestimmtes und Unveränderliches zu sein. Gibt es irgendwas an dem Wort arbiträr, das ich nicht verstehe?"

„Nein, ich weiß nicht", sagte er und schaute ein bisschen irritiert. „Du kannst es ja im Wörterbuch nachschlagen. Ich sehe mich nicht als Sophist oder Zyniker oder Stoiker oder irgendeine Art von bourgeoisem Industriellen oder was für Titel sich die Leute für einen so ausdenken."

„An was glaubst du denn genau? Fühlst du dich trotz aller Bedenken einer Religion verbunden?"

Er stöhnte. „Der Grund, warum mich so viele Leute fragen, wo ich stehe, wenn es um die Religion geht, ist doch, dass sie selber nicht genau wissen, wo sie stehen. Wir degradieren Glauben, wenn wir über Religion sprechen."

„Aber du hast vor dem Papst gespielt."

„Ja, und sein späterer Nachfolger wollte es verhindern. Der Typ von der Inquisition."

„Ratzinger."

„Ja, genau. Er nannte mich einen falschen Propheten. Nicht mal im Palast des Papstes ist man mehr sicher vor solchen Typen."

„Aber du hast auch mal religiös motivierte Lieder geschrieben und Shows gespielt, auf denen du als neuevangelikaler Christ gepredigt hast."

„Ja, ich habe die Bibel gelesen – aber auch das ‚I Ching‘ und die ‚Bhagavad Gita‘, den ‚Veda‘ und die ‚Tora‘ sowieso, schon als Kind. Aber das sind für mich keine Zeugnisse irgendeiner Gottheit, sondern des Menschseins. Genauso wie die alten Songs. Sie erzählen, wie Menschen lernen, mit dem Tod im Angesicht der Ewigkeit umzugehen. Sich mit der Religion zu beschäftigen, heißt Sterben lernen."

„Verstehe. Wenn du also, was ja oft genug vorkommt, in deinen Liedern die Bibel zitierst, ist das ein Verweis auf die Geistesgeschichte und zugleich eine Art Memento mori?"

„Wenn die Bibel Recht hat, wird die Welt eh explodieren. Da sollte man nicht irgendwo stehen bleiben – man sollte bis dahin so weit von sich selbst weg sein wie möglich." Er lachte.

„Sprichst du von der Apokalypse? Du singst sehr oft von ihr."

106

Er nickte. „Wir leben nun mal in apokalyptischen Zeiten. Das war mir schon klar, als ich jung war. Da habe ich Neugeborene gesehen, die von Wölfen umzingelt waren, und Highways aus Diamanten, auf denen niemand fuhr. Ich habe einen schwarzen Ast gesehen, aus dem Blut tropfte, und einen Raum voller Männer mit blutenden Hämmern. Ich sah Gewehre und scharfe Schwerter in den Händen junger Kinder. Und ich habe einen Jungen getroffen, der neben einem toten Pony saß, einen Weißen, der einen schwarzen Hund spazieren führte. Eine junge Frau, deren Körper brannte. Ein junges Mädchen gab mir einen Regenbogen, und ich traf einen Mann, den die Liebe, und einen anderen, den der Hass verwundet hatte. Ich meine, das Ende ist nah, das Gute und das Böse leben Seite an Seite, und alle menschlichen Formen scheinen verklärt zu werden. Leg dein Herz auf ein Tablett und warte ab, wer zubeißen und wer dich halten und dir einen Gute-Nacht-Kuss geben wird."

„Du meinst, die Apokalypse ist schon angebrochen?"

„Sie zieht sich durch unsere Zeit wie ein Bummelzug", sagte er und nickte. „Du musst dir nur die alten Folksongs anhören, die sind wie gemacht für diese modernen Zeiten – oder sollte ich sagen: diese dunklen Jahrhunderte? Die Sünde hat die Herrschaft übernommen – Heuchelei, Korruption, Machtwillen, Scheinheiligkeit, Eitelkeit, Angepasstheit und Selbstgerechtigkeit. Nimm ein Lied wie ‚Love Henry'. Eine uralte Ballade, die mir ein Typ namens Tom Paley in den Sechzigern beigebracht hat."

„Kenne ich. Der spielte bei den *New Lost City Ramblers*. Der lebt jetzt in Schweden oder so."

Bob sang mit zärtlicher Stimme, die gar nicht zu seinem rauen Sprechorgan zu passen schien:

„‚Get down, get down, Love Henry,' she cried.
‚And stay all night with me.
I have gold chains, and the finest I have
I'll apply them all to thee.'"

Er zog die Augenbrauen hoch, als erwartete er von mir eine Deutung dieser Zeilen oder als seien sie eine Bestätigung für alles, was er zuvor gesagt hatte. Ich kannte den Song unter dem Titel „Henry Lee" und wusste in etwa, worum es ging. Doch ich sagte nichts.

„Das ist eine perverse Fabel", fuhr er schließlich fort, als wäre das völlig offensichtlich. „Henry ist ein moderner Geschäftsmann von irgendeinem fremden Schiff, der die Intelligenzia organisiert und das Volk entwaffnet hat, ein kindlicher Lüstling – weiße Zähne, ne Menge Geld, gibt irgendwelchen Märchenprinzessinnen-Ausbeutern und korrupten religiösen Establishments die Ehre, hat nur seine Karriere im Kopf, braucht zwei Parkplätze für seine Limousine, drängt seinen Willen und seinen unehrlichen Müll irgendwelchen populären Zeitschriften auf, legt seinen Kopf auf ein Daunenkissen und schläft ein. Er hätte es besser wissen müssen – vermutlich hatte er Probleme mit den Ohren."

So hatte ich das Lied noch nie gehört. Ich fand in seinem Text auch keinerlei Anhaltspunkt für diese Deutung. „Geht es da nicht einfach um einen Typen, der der Mutter seines Kindes erzählt, dass er eine andere, schönere Frau liebt?", fragte ich leise.

Bob schüttelte den Kopf. „Du hörst nicht richtig zu", sagte er. „Manchmal reicht es nicht, die Bedeutung der Dinge zu kennen, manchmal müssen wir auch wissen, was sie nicht bedeuten", fuhr er fort. „Was bedeutet es zum Beispiel, wenn du nicht weißt, zu was die Person, die du liebst, fähig ist? Alles fällt auseinander – besonders die ganze akkurate Ordnung von Regeln und Gesetzen. Die Art und Weise, wie wir auf die Welt schauen, offenbart, wer oder was wir wirklich sind – unsere Eigenart sozusagen. Wenn man alles von einem ordentlichen schönen Garten aus betrachtet, sieht es heiter und aufgeräumt aus. Wenn man auf ein höheres Plateau klettert, sieht man Plünderungen und Mord. Wahrheit und Schönheit liegen im Auge des Betrachters. Ich habe schon vor langer Zeit aufgegeben, alles zu verstehen."

Er seufzte und schüttelte einmal kurz, aber vehement den Kopf, als wollte er einen Gedanken loswerden. Sein Gesicht war fahl, seine Augen lagen tief in ihren Höhlen, ja, er schaute so düster drein, dass man regelrecht Angst bekommen konnte, als er fortfuhr. „Das Leiden ist endlos. Jeder Winkel und jedes Versteck hat seine Tränen. Ich will hier niemanden verrückt machen oder rumheucheln, und sicher keine gegenstandslosen Ängste schüren. Ich bin aufgebrochen, als sich die Nacht über uns gelegt hat. Ich rede nicht, ich gehe nur – mit einem Herz, das vor Sehnsucht brennt –, bis ich außer Sichtweite bin. Ich habe diese Welt verlassen und ging an einem heißen Sommertag über eine heiße Sommerwiese in den mystischen Garten – du kannst auch sagen: ins Paradies oder in den Himmel, wenn du magst. Und ich traf diese Frau und sagte: ‚Entschuldigen Sie Ma'am, ich bitte Sie vielmals um Verzeihung' – aber es war niemand mehr da, der Gärtner war verschwunden. Ich sagte nichts und ging die Straße entlang, um die Biegung, mit meinem vor Sehnsucht brennenden Herz, im letzten Hinterland, am Ende der Welt."

Dann stand er mit gesenktem Kopf auf, zahlte natürlich nicht, und ging ohne ein weiteres Wort. Ich schaute auf mein Telefon. Acht entgangene Anrufe. Ich hörte die Mailbox ab. Es war Pat.

„Hey, Maik, ich bin jetzt in Queens. Bisher keine Spur von ihm. Aber wie gesagt, ich melde mich, sobald ich ihn sehe."

„Ich bin's wieder. Ich glaube, er ist gerade reingekommen. Sieht ein bisschen so aus wie auf dem Cover von ,Infidels' – mit Ray-Ban und so Dreitagebartinseln. Ziemlich cool."

„Du, das ist er. Eindeutig. Nimm am besten ein Taxi, dann bist du in zwanzig Minuten hier. Mit der Bahn dauert das sonst ewig"

„Hey! Alles okay? Meld dich mal."

„Ich habe ihn angesprochen und ihm gesagt, du kämst gleich nach. Ich glaube, er hat sich sogar ein bisschen gefreut, jedenfalls hat er gelacht. Nun ja, dafür kann es natürlich viele Gründe geben, vielleicht hält er uns auch für vollkommen bescheuert."

„Maik? Hallo? Hoffe du sitzt schon im Taxi. Meld dich mal kurz. Weiß nicht, wie lange ich ihn hier noch halt ..."

„Ich glaube, er geht gleich. Hat schon bezahlt. Ich werde versuchen, ihn aufzuhalten. Hab zwar keine Ahnung, wie ich das machen soll, aber mir wird schon was einfallen. Wo bleibst du denn so lange?"

„Mist, er ist mir entwischt."

Kapitel 10

ÜBER
DIE LIEBE

Pat war ziemlich erleichtert, aber zugleich ein wenig enttäuscht,
als ich ihm erklärte, ihm sei in der *Eternity Lounge* offensichtlich ein falscher Dylan entwischt. Am nächsten Abend kam er
ins *Bitter End*. Und Bob war auch wieder da. Er hatte sich rasiert
und wirkte um einiges frischer und jünger als am Abend zuvor,
war nicht mehr der finstere Prophet der Apokalypse, sondern
wirkte geradezu beschwingt und in freudiger Erwartung – als
habe er nachher noch ein Date. Er trug einen hellgrauen Anzug
mit Weste und hatte entgegen seiner historisch-materialistischen
Frisurenanalyse am Tag zuvor seine Haare etwas gestutzt. Wenn
ich diesen Abend in einem Bild verdichten müsste, wäre es das
eines Hundes, der sein Herrchen so lange anspringt und spiele-
risch attackiert, bis es endlich das Stöckchen wirft. Ein seltsamer
Tanz, zu dem sich Pat ab und zu als schweigender Zuschauer
hinzugesellte.

„Sag mal, Bob, gestern hast du erzählt, du hättest deine eine
wahre Liebe verloren", fing ich direkt das Gespräch an, als ich
mich zu ihm setzte.

„Wann?", fragte er erstaunt, ohne aufzusehen, aber ich konnte
ein Lächeln auf seinem Gesicht erkennen.

„Na, als ich dich nach deinem Ruhm fragte."

„Ach so, ja."

„Wer war das?"

„Ich habe mal ein Mädchen geliebt mit bronzener Haut, mit der Unschuld eines Lamms und der Zärtlichkeit eines Rehkitzes. In einer Sommerbrise habe ich sie ihrer Mutter und ihrer Schwester entführt."

„Klingt poetisch."

„Ja, nicht wahr?" Er schmunzelte.

„Und dann?"

„Ach, ich sollte nicht darüber sprechen", sagte er und schüttelte den Kopf. „Sie hat meine kostbare Zeit verschwendet, aber das ist schon okay."

„Sie hat dich verlassen?"

„Ich habe mal ein Lied drüber geschrieben. Eine Ballade. Ich bin nicht besonders stolz darauf."

„Was war so schlimm daran?"

„Ich will wirklich nicht darüber sprechen. Man sollte eine Wunde verbinden, bevor man das Haus verlässt."

„Du meinst, man sollte den Schmerz nicht zeigen?"

„Du zeigst ihn auch, wenn man nur den Verband sieht, nicht die Wunde, oder? Alles, was einen selbst betrifft, was einem wichtig ist, sollte man verhüllen, damit es nicht kaputt geht."

Er schüttelte sich, als wäre es ihm eiskalt den Rücken herunter gelaufen, seine Laune schien zu kippen. „Egal. Es war ein Fehler. Ich hätte daraus etwas Schöneres machen können."

„Ein Liebeslied zum Beispiel."

„Es ist erwiesen, dass die meisten Menschen, die ‚Ich liebe dich' sagen, es gar nicht meinen. Wissenschaftler haben das rausgefunden."

„Aber aus Liebe entstehen eine Menge Lieder."

112

„Wahrscheinlich noch viel mehr als ne Menge", pflichtete er bei und nickte. „Aber ich will nicht, dass Liebe meine Songs mehr beeinflusst als die von Chuck Berry oder Woody Guthrie oder Hank Williams. Hank Williams hat überhaupt keine Liebeslieder geschrieben. Du degradierst diese Lieder, wenn du sie Liebeslieder nennst. Das sind Songs vom Baum des Lebens. Es gibt keine Liebe auf dem Baum des Lebens. Liebe wächst auf dem Baum der Erkenntnis, das weiß doch jeder. Also, es gibt natürlich eine Menge populärer Songs über die Liebe. Aber wer braucht sie? Du nicht. Ich nicht. Du kannst die Liebe auf viele üble Arten benutzen, und sie kommt dann auf dem gleichen Weg zu dir zurück, um dich zu verletzen. Liebe ist ein demokratisches Prinzip. Das ist ein griechisches Ding."

„Ich will dir nicht zu nahe treten, aber einige deiner schönsten Songs würde ich schon als Liebeslieder bezeichnen ..."

Er verzog sein Gesicht, was wohl darauf hindeutete, dass er nicht einverstanden war. „Ich habe Lieder darüber gesungen, was die Liebe ist. Was die Liebe für mich ist. Das ist ein Unterschied. Meine Liebe spricht wie die Stille, ohne Ideale oder ein Gefühl von Gewalt. Sie muss nicht sagen, dass sie treu ist, weil sie wahrhaftig ist wie Eis, wie Feuer."

„Und das unterscheidet sich von dem, was andere Leute für die Liebe halten?"

„Andere Leute tragen Rosen mit sich herum und machen stündlich irgendwelche Versprechungen. Meine Liebe lacht wie die Blumen. Man kann sie sich nicht durch irgendwelche Valentinstagsgeschenke erkaufen."

„Das ist jetzt die Liebe als Idee. Wie bei Platon. Ein griechisches Ding, wie du es nennst. Aber die Liebe ist ja auch ein Gefühl."

113

„Ja. Ein ruheloses, hungriges Gefühl, das niemandem etwas Gutes will."

„Trotzdem kann man nicht davon lassen."

„Nein. Aber alles, was ich darüber sagen kann, kannst du genauso gut sagen." Er seufzte. „Ich bin oft genug so lange wach geblieben, bis ich dachte, ich würde den Heiligen Kuss sehen, der angeblich eine Ewigkeit halten soll, nur um dann zu erkennen, wie er sich wieder aus dem Staub macht, weil es eben sein Schicksal ist, mit Fremden mitzugehen und umherzureisen. Ich weiß, dass ich immer selbst schuld war, und mir muss wirklich niemand mehr erklären, dass *love* nur *ein four-letter-word* ist."

„Ein *four-letter-word*? Du meinst so wie die englischen Wörter, die man nicht aussprechen sollte, weil sie zu unrein und profan sind? Wie *fuck* und *shit* und *crap* und *cunt*? Das klingt ganz schön verbittert."

„Das heißt ja nicht, dass man in Nächten, wenn die Musik laut ist, wenn die silbernen Saxofone einen warnen und sagen: ,Mach's nicht', und die zerbrochenen Glocken und die verwaschenen Bläser einen verhöhnen, nicht trotzdem schwach wird und beim Anblick einer bestimmten Frau wieder denkt: ,Ich bin nicht geboren worden, um dich zu verlieren.'"

„Schicksal?"

„Nein", er lachte und schüttelte den Kopf. „Verlangen. Manchmal will man jemanden plötzlich sehr. So sehr."

„Ist was zu sagen gegen One-Night-Stands?"

„Was meinst du damit? Mädchen, die einen in ihre Schlafzimmer aus norwegischem Holz entführen und einen dann bitten, im Bad zu übernachten, weil sie am nächsten Morgen früh raus müssen?"

„Sowas, in der Art. Zum Beispiel."

„Ich kenne eine viel bessere Geschichte. Willst du sie hören?"

Seine Laune schien sich wieder gebessert zu haben. „Ja, klar", sagte ich, mit einem Nicken seinen Erzähldrang befeuernd.

„Ich habe mich mal in einer fremden Wohnung nach dem Aufwachen mit einem Mädchen gestritten, weil sie mir nicht glauben wollte", begann er. „Ich habe sie angeschrien, weil sie taub zu sein schien, und dann habe ich gedacht, es ist vielleicht besser, wenn ich gehe. Sie hat irgendwie hysterisch in meinem Gesicht rumgefuchtelt und gesagt: ‚Vergiss nicht, jeder muss was zurückgeben für etwas, das er bekommen hat.' Also habe ich meine Hände in meine Hosentaschen gezwängt, bis ich fand, was ich suchte, und habe ihr sehr galant einen Kaugummi überreicht."

„Ich glaube, das hat sie nicht gemeint."

„Nein", sagte er und grinste süffisant. „Sie hat mich vor die Tür gesetzt, und ich stand im Dreck, auf der Straße, zwischen all den Leuten. Und dann fiel mir ein, dass ich mein Hemd vergessen hatte. Also ging ich zurück, klopfte, wartete im Flur, nachdem sie die Tür aufgemacht hatte, und starrte auf das Bild von einem Mädchen im Rollstuhl, das an einer Flasche Rum lehnte. Und als sie zurückkam, fragte ich sie nach einem Gläschen, und sie sagte: ‚Nein, mein Schatz.' Und ich sagte: ‚Ich versteh kein Wort, nimm mal den Kaugummi raus.' Und sie schrie, bis ihr Gesicht ganz rot war."

„Um Gottes Willen."

„Das wirklich Magische an Frauen über die Jahrhunderte hinweg ist ja", fuhr er fort, als würde es sich logisch aus seiner Geschichte ergeben, „dass sie all die Arbeit gemacht haben und trotzdem einen Sinn für Humor hatten. Ich glaube, Frauen regieren die Welt, und kein Mann hat je etwas getan, was ihm nicht vorher eine Frau erlaubt hat oder zu dem sie ihn ermuntert hat."

„Das klingt ja wie das Matriarchat!"

Er lachte. „Ja, vielleicht. Eine Frau kann dich zu Diebstahl und Raub anstiften, kann dich in die Nesseln setzen und dafür sorgen, dass du deinen Job verlierst. Und wenn du etwas schlecht machst, kann sie es noch schlimmer machen. Sie hat Mittel, die besser wirken als jeder Zigeunerfluch."

„Ist dir sowas schon mal passiert?"

„Eines Tages werde ich auf der Flucht sein", sagte er, keckerte kehlig wie ein alter Mann, der zu viel geraucht hat – und so sah er nun auch aus, fuhr sich mit der Hand durch lockiges, vergilbtes Grau. „Da bin ich mir sicher, sie wird mich dazu bringen, jemanden umzulegen. Ich werde mich im Haus verbarrikadieren und die Jalousien runterlassen. Ich kann dir sagen, die Heimatstadt meiner Frau ist die Hölle."

„Wow."

„Manchmal frage ich mich, warum sie nicht gut zu mir sein kann. Den Tag über macht sie alles richtig, und in der Nacht macht sie alles falsch." Er lachte. „Glaub mir, es gibt keine Grenzen für den Ärger, den Frauen einem bringen."

„Also besser nicht verlieben?"

„Liebe ist betörend und reizend, Liebe ist an sich nichts Böses", warf er ein. „Es gab eine Zeit, da dachte ich, sich eine Hütte in Utah zu bauen, eine Frau zu heiraten, Regenbogenforellen zu angeln, einen Haufen Kinder zu haben, die mich ‚Pa' nennen, das wäre das, worum es letztlich geht."

„Und? War das ein Irrtum?"

„Weiß nicht. Vielleicht stimmte das in dem Moment. Ich kann mich noch an das Gefühl erinnern, als diese eine Frau den Raum betrat. Ich dachte, der Kreis hätte sich geschlossen. Ich habe mich sofort von den Räumen voller Geister und den Gesichtern auf den Straßen verabschiedet."

„Aha. Du meinst vom Trubel, der Bohème, dem Nachtleben und so in New York, oder was?"

„Ich meine den von der Sonne abgewandten Hof des Narren. Sie hat mir ein neues, reicheres Leben eingeatmet. Als ich tief in der Armut steckte, hat sie mich gelehrt zu geben."

„Nicht nur Kaugummis, hoffe ich."

„Haha." Sein Lachen klang nicht echt. „Nein, nicht nur Kaugummis. Sie hat die Tränen aus meinen Träumen getrocknet und mich aus einem tiefen Loch gezogen, meinen Durst gestillt und meine brennende Seele befriedigt. Sie hat mir ein, zwei, drei Kinder gegeben und – noch mehr! – sie hat mein Leben gerettet."

„Und du warst glücklich?"

„Ich habe endlich gesehen, dass es nie meine Aufgabe war, die Welt neu zu erfinden, und ich hatte plötzlich keine Absicht mehr, wieder zum Gefecht zu blasen, weil ich sie mehr liebte als all das", schwärmte er. Das stand ihm gut, der alte Mann von eben sah nun aus, als sei er ein Charmeur in den besten Jahren. „Du hast eben Platon erwähnt, und, ja, sie war die fehlende Hälfte von mir."

„Und was ist dann passiert?"

„Eines Morgens, die Sonne schien schon, lag ich im Bett und fragte mich, ob sie alles verändert hatte, ob ihre Haare wohl noch rot waren."

„Du meinst, du hast Angst gehabt, deine Frau nicht mehr wiederzuerkennen?"

„Ich wusste jedenfalls nicht mehr, ob ich noch ich war oder schon er, wenn du verstehst, was ich meine. Ich stand am Straßenrand, und Regen fiel mir auf die Schuhe."

„Du bist abgehauen?"

„Ich bin Richtung Ostküste, Gott weiß, ich hatte alles getan, was ich tun konnte, ich hatte mich im Unglück und der Sehnsucht gleichermaßen verheddert."

„Du musstest dich befreien."

„Dachte ich, ja. Aber da war Blut auf meinen Spuren."

„Hast du bereut, dass du fortgegangen bist?"

„Die Zeit ist wie ein Düsenjet, sie bewegt sich zu schnell." Er schaute zur Decke, als erinnerte er sich an irgendwas. „Es war eine Schande, dass das, was wir hatten, nicht halten konnte. Ich meine, das war nicht das erste Mal, dass eine Beziehung übel endete. Bei mir war's immer wie zwischen Verlaine und Rimbaud – du weißt ja, wie die beiden sich geliebt und gehasst haben, am Ende sollen sie ja sogar aufeinander geschossen haben. Oder zumindest Verlaine hat geschossen, und dann hat er den verletzten Rimbaud ins Krankenhaus gebracht und danach wollte er wieder auf ihn schießen." Er lächelte und schüttelte den Kopf. „So war es bei mir all die Male davor auch. Aber das mit ihr war anders. Ich wusste, dass ich sehr einsam sein würde, wenn sie ginge, und hab ihr noch bevor ich ging gesagt: ‚Ich kann mich ändern, schau, was du tun kannst. Ich kann es schaffen, und du kannst es auch.'"

„Und was hat sie gesagt?"

„Um ein Sprichwort zu bemühen: ‚Liebe kann so einfach sein' –

sie wusste es die ganze Zeit, und ich habe es in diesen Tagen auch gelernt. Ich wusste, wo ich sie finden konnte, im Zimmer von jemand anderen. Das war der Preis, den ich zahlen musste."

„Sie hat sich mit der Situation also ganz gut arrangiert?"

Er nickte. „Ich bin verrückt geworden von diesem Schmerz, der manchmal kurz aufhörte und dann noch stärker wiederkam – wie ein Korkenzieher in meinem Herz. Es war die Schwerkraft, die uns runtergezogen hat und das Schicksal, das uns auseinandergebrochen hat. Das ist meine Überzeugung. Sie hat den Löwen in meinem Käfig gezähmt, wenn du so willst, aber das war nicht genug, um mein Wesen zu verändern."

„Weil du nicht still stehen kannst, immer in Bewegung sein musst?"

„Ja, seltsamerweise hielten die Räder dann aber erst mal an. Was gut war, war auf einmal schlecht und was schlecht war, war gut. Wenn du oben angekommen bist, wirst du feststellen, dass du eigentlich am Boden bist."

„Und wie ging es dann weiter?"

„Mein Vater hat mir nicht viel hinterlassen, aber er hat mir gesagt, mein Sohn ... er hat so viele Sachen gesagt ... aber, was ich meine, ist, er sagte: ‚Mein Sohn, es kann dir in dieser Welt passieren, dass du so verkommst, dass deine eigene Mutter und dein eigener Vater dich verleugnen werden. Und wenn das passiert, wird Gott immer an deine Fähigkeit glauben, dich zu bessern.'"

Er grinste, stand auf, nahm seine Gitarre, die wohl die ganze Zeit, ohne dass ich es bemerkt hatte, unter dem Tisch gestanden hatte, setzte seinen Hut auf, an den wieder ein paar Blumen gesteckt waren, und ging. Als er bereits an der Tür stand, sah er sich noch mal um.

„Ich werde die nächsten Tage nicht hier sein. Wir müssen unser Gespräch woanders fortsetzen."

„Wo denn?"

Er lachte und kratzte sich am Kopf, als würde er nachdenken.

„Wir treffen uns auf der anderen Seite des Flusses", sagte er.

Nicht schon wieder so ein dämliches Rätsel, dachte ich.

Kapitel 11

ZWEI FLÜSSE

Auf der anderen Seite des Flusses also. Aber welcher Fluss? Meinte er den East River oder den Hudson River? Wobei, überlegte ich, der East River ja eigentlich eine Meerenge und gar kein richtiger Fluss ist. Aber vielleicht war genau das der Trick und jenseits davon, am anderen Ufer des East River, wartete der nächste mythische Ort aus dem Dylan-Kosmos auf mich. „Brooklyn" – das Wort lag schwer auf meiner Zunge und ich ließ es so gut es ging nach Dylan klingen: nach dem jungen, nach dem alten, nach dem Dichter mit dem zornigen Pathos in der Stimme, nach dem bedröhnten, im Bewusstseinsstrom ersaufenden Hipster ... aber, nein, dieses „Brooklyn", nach dem ich suchen musste, klang anders, verwegener, rhapsodischer ... Und es war, je mehr ich darüber nachdachte, in meinem Kopf mit einer Szene aus *„Radio Days"* verbunden: Man sieht, wie der Atlantik an einem regnerischen Tag an die Kaimauer klatscht, und aus dem Off spricht Woody Allen: *„The scene is Rockaway, the time is my childhood ..."*

Ja, genau, es ist der Beginn eines Films, die Stimme eines Erzählers, sie singt*: „Born in Red Hook Brooklyn, in the year of who knows when".* „Joey" heißt der Song. In ihm wird das Leben des gefürchteten Mafioso Joe Gallo bis zum Kitsch romantisiert und verklärt*: „Jooo-ey, Jooo-ey – king of the streets, child of clay",* heißt es im Text, den Dylan, ebenso wie übrigens auch zur gleichen Zeit entstandenen „Catfish", zusammen mit dem

121

Off-Broadway-Regisseur Jacques Levy geschrieben hat. Und die Musik ist auch nicht viel besser: Wenn er von einem Akkordeon singt, ertönt auch gleich eines, und eine Mandoline sorgt für ein bisschen Little-Italy-Stimmung. Eigentlich alles fürchterlich. Doch durch die Art, wie Dylan die eigentlich profanen Worte mit der sentimentalen Musik verbindet, entstehen innerhalb dieser elf Minuten Bilder im Kopf, die einem das Gefühl geben, ein verschollenes Meisterwerk von Martin Scorsese gesehen zu haben.

Joey ist der Held dieses Streifens – er ist nicht der gewalttätige Gangster, der allerlei blutige Fehden zwischen den Clans entfachte, sondern ein Outlaw wie Robin Hood oder Jesse James (oder, wie mir gerade einfällt: wie Catfish), der im Knast Nietzsche und Wilhelm Reich liest und sich kleidet wie Jimmy Cagney. Einer, der sich selbst erschaffen hat. Einer, der seine Familie liebt und keine Waffe trägt, wenn Kinder in der Nähe sind. Der sterben muss, weil er seine Lieben schützen will, als die Auftragskiller an seinem 43. Geburtstag *Umberto's Clam Bar* in Brooklyn stürmen.

Dylan identifizierte sich mit ihm. Er war Mitte der Siebziger nach langer Pause auf die Bühne zurückgekehrt und suchte eine neue Rolle – er wollte sich neu erschaffen, geheimnisvoll und furchtlos werden wie Joey. Denn an das zuvor über mehrere Alben hinweg propagierte Familienidyll und das Loblied auf das einfache Leben mochte er selbst nicht mehr so recht glauben. Schon 1971 schrieb er:

„*Wish I was back in the city*
Instead of this old bank of sand,
With the sun beating down over the chimney tops

And the one I love so close at hand
If I had wings and I could fly,
I know where I would go.
But right now I'll just sit here so contentedly
And watch the river flow."

Und da war er wieder, der Fluss. Allerdings ein anderer – der Fluss der Zeit vermutlich, oder doch der Hudson River, der östlich der Künstlerkolonie Byrdcliffe, nahe des Städtchens Woodstock, wo er mit seiner Familie Ende der Sechziger lebte, Richtung New York floss.

Zwei Songs, die mich zu zwei Flüssen führten, aber welchen sollte ich überqueren? Am ehesten würde mir, so dachte ich, Erik Frandsen bei meiner Entscheidung helfen können. Also ging ich ins *Caffe Vivaldi* in der Jones Street. Dort spielte er jeden Montagabend. Ich freute mich, ihn endlich mal live zu sehen. Ich hatte ein paar Aufnahmen von ihm mit Dave Van Ronk gehört. Er hatte eine schöne Stimme, die mich irgendwie an Shane MacGowan von den *Pogues* erinnerte – und er war ein guter, geradezu virtuoser Gitarrist. Doch als ich im *Caffe Vivaldi* eintraf, war sein Konzert schon vorbei. Erik sei direkt nach Hause gegangen, sagte mir die Frau hinter dem Tresen bedauernd.

Ich redete mir ein, dass Frandsen sich auch um diese Uhrzeit über einen Besuch von mir freuen würde, und tatsächlich wohnte er noch immer in dem Haus in der MacDougal Street, in dessen Keller sich einst das *Gaslight Café* befunden hatte – Nummer 116. Er öffnete, schaute überrascht, bat mich dann aber freundlich lächelnd hinein. Ich sah mich um: Dass hier ein Folksänger lebte, war allein schon an den Banjos und Ukulelen zu erkennen, die an den Wänden hingen – weitere Indizien: Die Sperrholzregale quollen über vor Liederbüchern, einige historische Songsammlungen waren schon auf den Boden gefallen – *„The American Songbag"*, *„Child Ballads"* ... In einer Ecke stand ein Umzugskarton mit CDs und antiken Videokassetten.

„Willst du hier übernachten?", fragte er und zeigte auf ein kleines Sofa, das mit allerlei Zetteln und Zeitungen vollgemüllt war. „Ich kann das abräumen."

„Nein, nein. Danke. Ich habe nur eine Frage."

„Möchtest du einen Tee?"

„Gerne."

„Setz dich einfach aufs Bett, wenn es dich nicht stört."

Die Decken waren zerwühlt, die Kissen auf den Boden gefallen. Ich hob sie auf, räumte das Bettzeug ein wenig zur Seite und setzte mich. Frandsen werkelte in der Kochnische rechts neben der Wohnungstür, spülte notdürftig zwei große Kaffeebecher ab, goss dampfenden Sud aus dem brodelnden Wasserkocher in eine kleine Kanne, aus der zwei Etiketten hingen, und setzte sich mit Tassen und Tee zu mir aufs Bett.

„Wie war's denn so mit Bob in den letzten Tagen?", fragte er und grinste, als würde er die Antwort schon kennen.

„Gut", sagte ich und nickte bestätigend. „Ach was, unglaublich! Spannend war's. Er hat viel zu sagen."

„Das stimmt. Hat er all deine Fragen beantwortet?"

„Hm, so würde ich es nicht nennen. Ich würde eher sagen, er hat erzählt, statt zu antworten. Jedes Treffen hatte etwas von einem Theaterstück – und danach schien es mir jedes Mal so ... so unwirklich, fast wie ein Traum. Aber er war ja da. Ich habe ihn ja in dem Moment GESEHEN, als er vor mir saß."

„Jaja", sagte Erik und nickte geistesabwesend. „Und wie oft habt ihr euch getroffen?"

„Beim ersten Mal warst du ja dabei. Danach war er ein paar Tage verschwunden, das hast du ja mitgekriegt, aber gestern und heute haben wir uns wieder getroffen. Also insgesamt drei Mal."

Erik nickte. „Soso."

„Aber heute hat er gesagt, dass er die nächsten Tage nicht im *Bitter End* sein wird."

„Sieht ihm ähnlich."

„Er hat gesagt: ‚Wir treffen uns auf der anderen Seite des Flusses.'"

„Auf der anderen Seite des ..." Erik konnte den Satz nicht zu Ende bringen, weil er so lachen musste und ihm der heiße Tee auf die Hand schwappte. „Welches Flusses denn?", brachte er schließlich heraus.

„Ich dachte, das könntest du mir vielleicht sagen."

Erik schüttelte den Kopf. „Auf der anderen Seite des Flusses! Das ist gut. Herrlich."

„Es kommen ja eigentlich nur zwei Flüsse infrage: der East River und der Hudson River, oder?"

„Wenn du es wörtlich nehmen willst, ja."

„Also, ich habe mir das so gedacht", erklärte ich, „wenn er den Hudson River meint, ist er vielleicht in Woodstock."

„Wieso?"

„Na, da hat er doch mal gelebt."

„Ja, und?"

„Weiß nicht. Ich dachte, er könnte ja vielleicht zurückgegangen sein, den Fluß runter, oder?"

Erik schüttelte den Kopf. „Du denkst vollkommen falsch", sagte er. „Du denkst wie ein Musikjournalist. Du versuchst ihn auf etwas oder jemanden festzunageln, das oder der er vielleicht früher mal war. Er hat mal dies und das gemacht, also ist er so und so. Das funktioniert nicht."

„Ja, ich dachte mir schon, dass er nicht nach Woodstock zurück will", sagte ich trotzig.

„Mit Woodstock hat das nichts zu tun, sondern mit der Tatsache, dass der Bob von früher nicht der Bob von heute ist. Aber bitte erzähl weiter – was spricht für den East River?"

„Nein, das bringt ja auch nichts."

„Los, sag."

„Okay, also, ich dachte, vielleicht ist er in Red Hook, Brooklyn. Da wo Joey Gallo aufgewachsen ist."

Er nickte. „Schon besser."

„Echt jetzt? Warum?"

„Weil du nicht versucht hast, über Bobs Biografie nach der Antwort zu suchen, sondern über die Themen, die ihn interessieren und die Dinge, die ihn antreiben. Er liebt ja solche Orte, die von der Geschichte einmal kurz angehaucht wurden, an denen etwas entstanden ist, das den Lauf der Welt verändert hat. Ich weiß nicht, ob du davon gehört hast, aber er hat zum Beispiel die Geburtsorte von Buddy Holly und Roy Orbison besucht, und in Liverpool war er auch schon, dort, wo John Lennon aufgewachsen ist. In diesem Haus an diesem Park ... wie hieß der noch?"

„Strawberry Fields."

„Ja, genau."

„Davon hab ich gehört. Angeblich hatte er sich einer Busreisegruppe angeschlossen."

126

„Ja, so erzählt man sich."

„Ach ja, und er hat wohl auch einmal in Lederhose und Biker-Boots im Vorgarten eines Hauses in Winnipeg gestanden. Vor dem Haus, in das Neil Young nach der Scheidung der Eltern mit seiner Mutter gezogen ist. Er trug einen riesigen Stetson und muss ausgesehen haben wie einer dieser Cowboys, die in David-Lynch-Filmen immer hinter Diners lauern."

Erik lachte. „Ein schönes Bild."

„Er habe sehen wollen, wo der kleine Neil sein Kinderzimmer gehabt hat, wo er aus dem Fenster geguckt und wo er geträumt hat, soll er später gesagt haben."

„Die Geschichte kannte ich noch nicht."

„Aber was zieht ihn an diese Orte? Nostalgie?"

Erik schaute skeptisch und dachte nach. „Kann ich mir nicht vorstellen", sagte er schließlich. „Wie gesagt, das hat bestimmt etwas mit seinem Verständnis von Geschichte zu tun."

„Was hat er denn für ein Verständnis von Geschichte?"

„Er kommt vom Blues. Ich denke, das spielt eine Rolle. Der Blues begreift Mythen als historische Tatsachen."

„So eine Art magischer Realismus?"

„So könnte man sagen, ja. Bob reist nicht an die Geburtsstätten von Menschen, sondern von Mythen. Wusstest du, dass er als junger Mann wochenlang in der *New York Public Library* gesessen und auf Mikrofilm jede Zeitungsausgabe aus den Jahren des Amerikanischen Bürgerkriegs gelesen hat?"

„Schreibt er das nicht in ‚*Chronicles*'?"

„Kann sein. Ich glaube, dass er das damals nicht gemacht hat, weil er dachte, er könnte aus der Vergangenheit auf die Gegenwart schließen. Er war wohl eher am Alltagsleben dieser

Zeit interessiert – an der, wie ihr Europäer sagt: *conditio humana*. Bestimmt haben ihn auch die Sprache und die Rhetorik interessiert, das hört man seinen frühen Liedern ja an. Ganz sicher wollte er wissen, wie aus der Geschichte Geschichten entstanden sind – Mythen ... und Songs natürlich."

„Du meinst, er war eher daran interessiert, wie die Erinnerung sich verselbständigt und von einem zum anderen wandert."

„Bitte?"

„Ach, nichts. Darüber habe ich neulich mit einem Penner im Central Park gesprochen. Der sagte so sinngemäß, die besten Geschichten entstünden, wenn die kollektive Erinnerung sie immer wieder veränderte und verformte."

„Kluger Mann."

„Ja, bestimmt."

„Bob wurde auch schon mal für einen Penner gehalten, wusstest du das?"

„Du meinst aber nicht diesen Song von Joan Baez, wo sie ihn ein ‚unwashed phenonomen' schimpft, oder?"

„Nein, das war auch bei einer seiner mythischen Erkundungen, draußen in Long Branch, New Jersey. Er spielte am Abend wohl irgendwo in der Nähe und spazierte nach der Ankunft im Hotel direkt in diese hispanische Arbeitersiedlung an der Küste. Hatte noch seine schwarze Trainingshose an, die er immer auf langen Busfahrten trägt, und sah verboten aus. Es regnete in Strömen, und er trug Gummistiefel und zwei Regenmäntel übereinander und drunter noch seinen unvermeidlichen Hoodie. Er ist ja, wie du weißt, eher schmächtig und sah aus, als wäre ihm alles ein paar Nummern zu groß. Kein Wunder, dass irgendwer diese Gestalt für verdächtig hielt und die Polizei

128

gerufen hat. ‚Ein suspekter Obdachloser schaut sich hier die Häuser an. Der will bestimmt was klauen.'" Er lachte. „Die Polizei kam dann auch prompt, und eine junge Polizistin musste ihn auflesen. Von Bob Dylan hatte die zwar schon mal gehört, aber dieser Typ, da war sie sich absolut sicher, war definitiv nicht Bob Dylan. Und überhaupt – war der nicht schon lange tot?"

„Kann man sich richtig vorstellen, diesen Dialog zwischen den beiden. Wie in einem seiner Songs, da geht das auch regelmäßig schief, wenn ein Mann und eine Frau sich unterhalten. Hat immer was von absurdem Theater."

„Und so war's wohl auch hier. Sie hat ihn zum Hotel gefahren, und er musste sich ausweisen."

„Irre. Aber du hast gar nicht erzählt, was er da gesucht hat, in dieser Siedlung an der Küste."

„Ach ja, ganz vergessen. Er hat das Häuschen gesucht, in dem Bruce Springsteen die Lieder für ‚Born To Run' geschrieben hat."

Jetzt musste auch ich ziemlich lachen. Das war irgendwie verkehrte Welt. War doch Springsteen zu Beginn seiner Karriere als Dylan-Kopist oder, wie die Musikpresse damals schrieb, als „new Dylan" bezeichnet worden. „New", weil der alte, echte Dylan ihnen nicht mehr das geben wollte, was sie von ihm erwarteten: einen Rebellen, der ihnen eine irgendwie surreale Version des amerikanischen Traumes erzählte. Springsteen vermied jedoch bald die dylanesken Wortungetüme, die seine ersten Platte noch prägten, und entwickelte sich eher zum realistisch-naturalistischen Erzähler, ja, er erfand sich neu als eine Art John-Steinbeck-Figur, die zugleich wie Steinbeck erzählen konnte, und wirkte dadurch seltsamerweise echt und authentisch.

Viele Jahre habe ich das nicht verstanden, bin, wie so viele, auf die Kunstfigur hereingefallen und habe Springsteen für einen Proll gehalten. Erst durch die Tapes mit Bootleg-Aufnahmen, die ein Freund mir immer wieder schickte, wurde mir die ungeheure Anstrengung, die hinter seiner Selbsterschaffung stand, bewusst und ich erkannte die Parallelen zwischen der Kunstfigur Dylan und der Kunstfigur Springsteen.

Viele Springsteen-Platten besitze ich allerdings trotzdem nicht. Nur die ersten drei Alben, auf denen sich die Metamorphose vom Epigonen zum großen amerikanischen Erzähler vollzieht, gefallen mir. Als Dylan-Fan mag ich die Bewegung und die Wandlung eben lieber als die fertige Figur. Auch ein Grund, warum ich nicht glauben konnte, dass mein Held sich hier etwas abschauen wollte oder gar die Geburt eines Mythos witterte. Wobei *„Born To Run"*, das dritte Springsteen-Album, zumindest eine inspirierte Wahl war. Und als ich auf Eriks Bett über die Platte nachdachte fiel mir ein –

„Moment mal, Erik. ‚*Born To Run*'? Der vorletzte Song, mit dem die Handlung von New Jersey nach New York hinüberwechselt, heißt doch ‚Meeting Across The River', oder?"

„Keine Ahnung."

„Doch, klar. Sie wollen diesen Drogendealer treffen: ‚*Hey, Eddie, can you lend me a few bucks. And tonight can you get us a ride. Gotta make it through the tunnel, got a meeting with a man on the other side.*' Das ist der Holland Tunnel unter dem Hudson River!"

„Ja und?", fragte Erik und sah mich an, als wäre ich komplett irre geworden. „Was beweist das?"

Das wusste ich in dem Moment selbst nicht so genau.

Kapitel 12

ARCHÄOLOGIE HEUTE

Am nächsten Morgen saß ich einigermaßen hoffnungsfroh in einem Zug der North Jersey Coast Line. Es ist jedes Mal ein Gefühl, als ob man von der Erde in den Weltraum geschossen wird, wenn man New York City Richtung New Jersey verlässt. Man lässt die Metropole hinter sich und fährt einer eigentlich lebensfeindlichen und ebenso armen wie armseligen Umgebung entgegen. Kurzum, ich war auf dem Weg ins echte Amerika.

Schon als ich an der Penn Station in den Wagon stieg, kamen mir allerdings erste Zweifel, denn warum sollte Dylan zweimal denselben Ort aufsuchen? Die Springsteen Pilgerstätte hatte er ja schon gesehen. In Long Branch stand allerdings auch noch das Geburtshaus von Norman Mailer, aber das würde er sich bestimmt nicht anschauen. Der Schriftsteller hatte Mitte der Sechziger mal gehöhnt, wenn Dylan ein Dichter sei, dann sei Muhammad Ali auch einer. Damit hatte er aber eigentlich nur bewiesen, dass er weder etwas von Popmusik noch etwas von Boxen verstand, denn natürlich war Ali ein Kämpfer mit lyrischen Qualitäten. Zudem war er natürlich, ebenso wie Dylan, vor allem ein Tänzer.

Als der Zug in Secaucus Junction hielt, schienen alle Fahrgäste auszusteigen. Ich hatte, vermutlich zu sehr in Gedanken, die Ansage des Zugführers nicht gehört, beugte mich aber dem

Gesetz der Lemminge, während mir der trippelnde Stepp von Muhammad Ali und die mythischen Orte entlang der Jersey Shore weiter durch den Kopf spukten. Einige Szenen aus den *„Sopranos"* spielten in dieser Gegend, fiel mir ein – auf dem Boardwalk von Asbury Park etwa. Diese kleinbürgerlichen Mobster, die sich zu modernen Feudalherren aufschwangen, ihre Familien liebten und ihre Version des amerikanischen Traums lebten, waren nach dem Ebenbild von Typen wie Joey Gallo geschaffen worden.

Ich folgte meinen Mitreisenden durch ein Drehkreuz, suchte Orientierung in der großen Bahnhofshalle und fand in einem Glaskasten einen Plan des Streckennetzes. Neben der North Jersey Coast Line gab es noch acht weitere Linien. Die Orte, die sie anfuhren, sagten mir großenteils nichts. Einer hieß Lebanon, ein anderer White House, es gab ein Netherwood und gleich daneben ein Plainfield, mit der Northeast-Corridor-Linie kam man zur Princeton University und zum Zubringer nach Philadelphia, mit der Main Line nach ... Paterson! Die Heimatstadt von Allen Ginsberg! Das Gedicht von William Carlos Williams! Und mein Freund Pat, dessen Nachname beinahe wie das berühmteste Werk von Dylan Thomas hieß: Das waren Zeichen genug, um meine Suche lieber dort zu beginnen. Paterson, ein Städtchen, das in der Literatur größer war als in der Realität, klang wesentlich mehr nach einem Ort, an dem der Dylan, dem ich begegnet war, sich aufhalten könnte, als das kleine Long Branch.

Zumal die Beziehung zu Ginsberg eine seiner wichtigsten Künstlerfreundschaften war und der um fünfzehn Jahre ältere Dichter ihn stark beeinflusst hatte, als er sich von der Folkbewegung löste. Die beiden pflegten eine Art Vater-Sohn-Verhältnis – wobei nie ganz klar war, wer der Vater war und wer der Sohn. Das kehrte sich öfter mal um. Und Williams, der Paterson für alle Ewigkeit auf die literarische Landkarte setzte, war wiederum der Mentor von Ginsberg gewesen. Der nächste Zug der Main Line fuhr in zwölf Minuten.

Auf dem Sitz neben mir lag eine Zeitschrift. Eine Ausgabe der *Archeology Today* aus dem Winter 1997. Erst auf den zweiten Blick sah ich, dass die nackte rothaarige Frau mit dem weiblich runden Rita-Hayworth-Körper auf dem Cover, die man nur in Rückenansicht sah, anscheinend damit beschäftigt war, einer antiken Statue mit expressionistischen Zügen einen Blow-Job zu verpassen. Die Titelzeile identifizierte die Frau als Gretta Downing (wie hätte sie in dieser Position auch anders heißen sollen?), Kuratorin des *Rappaport Museums Of Fine Objects*, die die Restauration einer in einer mesopotamischen Höhle gefundenen Statue fertig stellte. Die anderen Zeilen auf dem Cover waren nicht weniger verstörend: „The Gladiator Diet", „Amazons In The Andes", „U.K. Explorers Find The Body Of Moses" ... Jede Story schien eine Sensation zu sein.

Ich schlug das Heft auf, doch im Inneren fanden sich keine Texte zu den vorne angepriesenen Themen, sondern jeweils doppelseitige Collagen. Ein Mann in grauem Mantel, mit grauem Hut las in der U-Bahn eine Zeitung. Doch über die Zeitung hatte man das Bild eines dicken Typen geklebt, der sich mit Dollarnoten eine Zigarre anzündete, und in einem der Zugfenster sah man ein wie von Kinderhänden ausgeschnittenes Bild eines verwahrlosten Penners, der offensichtlich in einen Gulli kotzte. Eine andere Collage zeigte die Schwarz-Weiß-Aufnahme eines

Autofriedhofs, in deren Mitte das Farbfoto einer Engelsfigur prangte, die ein viel zu großes Brot in der Hand hielt. Ich blätterte weiter. Auf dem hoch in den Himmel ragenden Bug der *Titanic* tänzelte Charlie Chaplin in seiner Kostümierung als Adenoid Hynkel und balancierte, wie ein Seehund im Zirkus, eine Weltkugel auf seiner Nase. Eine Reihe von Matrjoschka-Puppen nach Größe geordnet, jede mit einem Schild um den Hals, auf denen abwechselnd „Truth" oder „Lie" stand. Eine Art Ahnengalerie zeigte die Büsten römischer Kaiser, in die sich Vater und Sohn Bush, Wirtschaftsbosse wie Warren Buffett, Spekulanten wie Jordan Belfort und Banker wie der CEO von Goldman-Sachs, Lloyd Blankfein (den ich nur erkannte, weil unter seiner Büste ein goldenes Schildchen mit Name und Funktion angebracht war), verirrt hatten.

„Und was liest du da?", hörte ich einen älteren Herrn fragen, der offensichtlich in Lyndhurst zugestiegen war und sich in die Reihe vor mich gesetzt hatte. Er richtete sich nicht an mich, wie ich zuerst vermutet hatte, sondern an einen Jungen, der ihm gegenüber saß und der nicht älter als dreizehn oder vierzehn war.

„Karl Marx."

„Bist du sicher, dass du kein Kommunist bist?", fragte der Mann.

„Muss ich Kommunist sein, um Karl Marx zu lesen?", stellte der Junge mit kindlich unschuldiger Stimme die Gegenfrage.

„Das ist eine zulässige Antwort. Aber wenn du kein Kommunist bist, was bist du dann?"

„Nichts."

„Nichts?"

„Ich lehne jede Form der Regierung ab", sagte der Junge alt-klug.

„Aber irgendwer muss doch herrschen."

„Ich mag das Wort ‚herrschen' nicht."

„Okay, wenn du das Wort ‚herrschen' nicht magst, lass es uns ‚leiten' nennen."

„Leitung der Staatsgewalt ist politische Macht und politische Macht ist eine offizielle Form, Menschen zu unterdrücken."

„Aber, mein lieber junger Mann, Politik ist notwendig."

„Politik bedeutet, dem Volk Regeln aufzuzwingen."

„In diesem Land werden dem Volk die Regeln nicht aufge-zwängt, sie sind von freien Bürgern gewünscht –"

„Wenn du mal ein bisschen durchs Land reist, wirst du sehen, wie frei diese Bürger wirklich sind."

„Du hast mich nicht ausreden lassen. Ich –"

„Sie zwängen jeden Mann in eine Zwangsjacke, und ohne Pass kannst du keinen Zeh ...–"

„Entschuldigen Sie", eine Frau mittleren Alters mit hoch-gesteckten roten Haaren und einer schwarzgeränderten Brille, wie sie Sekretärinnen in Filmen aus den Sechzigerjahren oft trugen, schaute mich suchend an. „Ich habe hier irgendwo mein ... ach, Sie lesen ja drin – das ist meins!"

Sie zeigte auf das Magazin, das auf meinem Schoß lag.

„Oh, entschuldigen Sie ... das ist ... das lag hier ... ich wusste nicht ..."

„Kein Problem. Ich bin eben in einen anderen Wagon umge-zogen, weil ich hier aus irgendeinem Grund keinen Empfang hatte." Sie holte ihr Telefon aus ihrem roten Blazer, den sie über einer hoch geschlossenen weißen Rüschenbluse trug, und hielt

135

es wie zum Beweis in die Höhe. „Da habe ich das wohl hier liegen lassen. Aber ich bräuchte es zurück."

Da man aus der Rückansicht einer nackten Person schwer darauf schließen kann, wie diese fast zwanzig Jahre später von vorne und angezogen aussehen könnte, war es wohl eher eine unbestimmte Ahnung, die mich auf das Cover deutend fragen ließ: „Das sind Sie da vorne drauf, oder?"

Die Frau lachte. „Ja, das stimmt."

„Sind Sie Künstlerin?"

„Kuratorin. Steht doch vorne drauf."

„Gretta Downing?"

„Ja, genau."

„Ich dachte, der Name wäre ein Witz."

„Wieso?"

„Weil ... die Frau ... also Sie ... auf dem Cover ... ach, egal, vergessen Sie's. Interessantes Magazin."

„Es ist kein Magazin, sondern ein Artefakt."

„Wie bitte?"

„Ein Kunstwerk."

„Aber es sieht aus wie ein Magazin."

„Okay, es ist ein Kunstwerk, das aussieht wie ein Magazin. Es gibt nur hundert Stück davon. Dürfte ich?"

„Äh, ja, okay. Können Sie mir sagen, was ..."

Ihr Telefon klingelte, sie schnappte sich das Heft, und verschwand durch den Gang trippelnd Richtung nächstem Wagon, während sie in ihrem Blazer nach dem immer lauter tönenden Gerät nestelte.

Der Zug bewegte sich durch eine trostlose amerikanische Vorstadtlandschaft mit zwei- bis dreigeschossigen Holzhäusern,

136

großen Brachflächen, verfallenen Fabriken und Lagerhäusern, fuhr unter breiten Interstates hindurch, über schmale Straßen hinweg und kam schließlich auf einer Brücke zum Stehen – Paterson Station. Ich war der einzige, der ausstieg.

Auf die Hässlichkeit dieses Ortes war ich nicht vorbereitet, beruhigte mich aber mit dem Gedanken, dass Bahnhofsgegenden selten besonders malerisch waren. Und überhaupt, was hatte ich erwartet? Ein pittoreskes, von rauschebärtigen Dichtern bevölkertes mittelalterliches Städtchen? Ich war auf den Spuren von Allen Ginsberg, William Carlos Williams und Bob Dylan unterwegs, nicht auf denen von J. R. R. Tolkien.

Ein Gang die Market Street hinunter relativierte das Bild – so unansehnlich war Paterson gar nicht. Eine typische amerikanische Kleinstadt. Nur, dass dort anscheinend niemand lebte. Der Ort, der zumindest in den Augen oder doch zumindest nach den Worten von William Carlos Williams ein Mann war, schien geradezu gespenstisch menschenleer. Es war elf Uhr an einem Dienstagmorgen im September, die Sonne kämpfte sich bei etwa 15 Grad Celsius allmählich durch die Wolkendecke – es gab keinen Grund für die Abwesenheit von Leben. Oder doch? Eine Bombendrohung? Ein Amoklauf? Welche lebensgefährlichen amerikanischen Traditionen gab es noch?

Wen konnte ich nun nach der Adresse des Ginsberg-Apartments fragen? War die überhaupt jemandem bekannt? Gab es nicht mehrere Wohnorte der Ginsbergs in Paterson? Im Internet hatte ich bei meiner Eilrecherche auf dem Telefon nichts gefunden – weder „Where did Allen Ginsberg live" gab einen Treffer, noch „Allen Ginsberg" + „childhood home" + „Paterson" oder „Allen Ginsberg lived in" + „street" + „Paterson". Ich erinnerte mich an ein Gedicht, in dem Ginsberg über seine Jugend geschrieben hatte: *„I was too afraid to talk to anyone in Paterson."* Ich hatte nicht einmal die Gelegenheit dazu, mit jemandem zu sprechen.

Erleichtert stellte ich fest, dass ab und zu zumindest vereinzelte PKWs und Lieferwagen über die Straße rauschten – *„oldsmobiles past by in front of my eyeglasses"*, hieß es in diesem Ginsberg-Gedicht weiter, das mir in den Kopf gekommen war. Ich überquerte den Rosa Parks Boulevard und die Madison Avenue, folgte der ellenlangen Market Street vorbei an Geschäften und Wohnhäusern, die irgendwann nur noch verlotterte Behausungen waren. Man musste auf der Straße gehen, weil die Bürgersteige von alten Schränken und Kühlschränken, Betten, Autoreifen, Waschmaschinen und stechend stinkenden Müllhaufen in Beschlag genommen worden waren. Ein stattlicher

struppiger Mischlingshund, der mit einer Metallkette an einen
verrosteten Fahrradständer gebunden war, jaulte, schien mich,
den ängstlichen Passanten, der seinen Schritt beschleunigte,
aber glücklicherweise nicht zu bemerken.

Die Gegend wurde mir immer unheimlicher. Hatten die
Ginsbergs nicht in einem heruntergekommenen jüdischen Vier-
tel unweit der Innenstadt gewohnt? War ich zu weit gegangen?
Sollte ich umkehren? Nein, noch kurz über die Brücke – auf der
anderen Seite des Flusses, hatte Bob schließlich gesagt. Und
dieser Fluss hier war so gut wie jeder andere. Es war der Passaic
River, den ich dort eigentlich nicht erwartet hatte, da ich kurz
zuvor entgegen meiner Laufrichtung ein Schild zu den *Great
Falls of The Passaic River* gesehen hatte, einem der größten
Wasserfälle der Vereinigten Staaten, an dem, wie mir, als ich das
Schild erblickte, wieder einfiel, auch Williams' Gedicht beginnt.
Der Passaic fließt – wie ich aus der Karte auf meinem Mobil-
telefon erfuhr – vom Südwesten durch Paterson, beschreibt im
Norden der Stadt eine scharfe Rechtskurve und fließt dann
Richtung Süden, in die Newarc Bay, sodass man ihn, wie ich
nun sah, innerhalb Patersons tatsächlich zweimal überqueren
konnte, wenn man die ganze Zeit geradeaus, etwa den Broad-
way entlang, spazierte.

Via Wikipedia-App lud ich mir weitere Informationen über
den Fluss auf mein Handy. So erfuhr ich, dass der irischstämmige
Erfinder John Philip Holland im 19. Jahrhundert eine Zeit lang
in Paterson als Lehrer tätig gewesen war und hier, inspiriert
von Jules Vernes Roman *„20.000 Meilen unter dem Meer"*, einige
der ersten modernen U-Boote entwickelt hatte. Seine Proto-
typen ließ er auf dem Passaic testen, um sie anschließend der

Fenian Brotherhood zur Verfügung zu stellen – einer Geheimorganisation irischer Einwanderer, die ihr Heimatland beim Kampf um die Unabhängigkeit mit Geld und Waffen unterstützte. Die Fenians hatten sich nach dem keltischen Sagenhelden Fionn mac Cumhaill benannt, der in Flann O'Briens Metafiktion *„At Swim Two Birds"* als Finn MacCool eine der Romanfiguren in Erscheinung tritt, die ihren Autor, einen zynischen Verfasser von Westernromanen, überwältigt, um die Geschichte selbst zu Ende zu erzählen. O'Brien hat seinem Werk ein Zitat von Euripides vorangestellt: *„Denn es gehört sich, dass alle Dinge sich ändern."* Das könnte auch von Dylan sein. Mir schwirrte der Kopf, und ich schloss die App.

Passaic – das klang in meinen rauschenden Ohren fast wie Passage, auf jeden Fall nach einem Übertritt in eine andere Welt. So nah am Fluss musste ich ihn nun auch überqueren, ein paar hundert Meter würde ich noch weitergehen, dann umkehren, zurück zu den Wasserfällen, einem dieser mythischen Orte, nach denen ich auf der Suche war.

Über den Passaic hinweg lief ich in ein Industriegebiet. Im 19. Jahrhundert war die Stadt vor allem für ihre Seidenproduktion bekannt. Der britische Historiker Edward Gibbon, ein Freund des Begründers der Nationalökonomie, Adam Smith, hatte in seiner Geschichte des Verfalls und Untergangs des Römischen Reiches die Seidenraupe als „the first artificer of the luxury of nations" bezeichnet, den ersten Kunsthandwerker im Dienste des Wohlstands der Nationen, und so scheint es eine schöne Volte der Geschichte, dass Paterson, die Wiege der Industriellen Revolution in Amerika, schließlich den Beinamen „The Silk City" bekam. Doch auch ein gewisser Samuel Colt unterhielt hier kurzzeitig eine Fabrik – für Schusswaffen, versteht sich. Die riesigen Gebäude schienen nun aber allesamt leer zu stehen und drehten mir ihre fensterlosen Rücken zu.

Man hörte das Rauschen einer Interstate in der Ferne, das jedoch von einem anderen, helleren Geräusch, dessen Quelle gar nicht so weit entfernt schien, gestört wurde. Mit jedem Schritt kam ich ihm näher. Es war, so wurde mir allmählich klar, eine Blaskapelle. Sie spielte allen Ernstes „When The Saints Go Marching In", die alte Gospel-Nummer, die, seit Louis Armstrong sie in den Dreißigern zum Hit machte, in jedem amerikanischen Film zu hören ist, wenn Volksfeststimmung suggeriert werden soll oder Cheerleader auftreten. Auch jede deutsche Schulkapelle kann diesen Marsch spielen – ganz zu schweigen von den Musikern in der Berliner U-Bahn.

Die Musik wurde immer lauter. Die Kapelle musste sich auf der anderen Seite einer roten Backsteinmauer befinden, an der ich vorbeilief. Ich fand schließlich ein Tor, über dem groß „Electro Steel Corporation" stand, und betrat das Gelände. Dort war eine Art Jahrmarkt aufgebaut. Deshalb war die Stadt wohl so verwaist. Die Leute tummelten sich zwischen bunten Buden und Ständen, es gab Luftballonverkäufer und einen Clown auf Stelzen, der Flugblätter warf. Ich hob eines vom Boden auf. „The Traveling World Fair! Great Roman Hippodrome! And Greatest Show On Earth!" stand darauf und darunter: „Black And White Minstrelsy".

Ich kam mir vor, als wäre ich aus Versehen in der Zeit falsch abgebogen und im frühen 20. oder gar späten 19. Jahrhundert gelandet. Damals waren die sogenannten *Minstrel Shows*, in denen zunächst ausschließlich weiße Künstler mit schwarz geschminkten Gesichtern auf burleske Art und Weise die afroamerikanische Kultur ihrer schwarzen Mitbürger parodierten, der große Renner gewesen, ja man könnte sogar sagen, sie waren die erste genuin amerikanische Massenkultur überhaupt. Für diese Shows mussten eigens Songs komponiert werden. Sie wurden im wahrsten Sinne des Wortes aus schwarzen Arbeiterliedern, Spirituals, Redewendungen und Dialekten sowie weißen

Folksongs und Balladen zusammengesetzt. Und so entstand nicht nur eine neue Musik, sondern auch ein neuer Beruf: der des Songwriters. Der erste, der daraus einen Ganztagsjob machte, war Stephen Foster, Verfasser von auch heute noch populären Liedern wie „Old Folks At Home", „My Old Kentucky Home" oder „Hard Times Come Again No More".

Irgendwann traten auch afroamerikanische Musiker in den *Minstrel Shows* auf. Um zu verdeutlichen, dass auch sie ihre Performances auf Stereotypen aufbauten, standen sie ebenfalls mit schwarz geschminkten Gesichtern auf der Bühne. Dieses Spiel mit Masken und ethnischen Klischees beherrscht bis heute die populäre amerikanische Kultur, allerdings würde wohl kein weißer Entertainer mehr auf die Idee kommen, sein Gesicht schwarz zu schminken – das ist mittlerweile selbst in Berlin-Steglitz nicht mehr politisch korrekt.

Als der Stelzenmann mein verwundertes Gesicht sah, zeigte er auf ein riesiges, mehrfarbig gestreiftes Zirkuszelt, ein bisschen abseits der Stände, über dem ein großes Schild prangte: HIPPODROME. The place to be, wie der Amerikaner sagt.

Nachdem ich das Eintrittsgeld von drei Dollar bezahlt hatte schaute ich auf die Bühne an der gegenüberliegenden Seite des Zeltes und sah, dass die Band gerade ihre Sachen packte. Ein Mann, der einen mit Stars and Stripes bedruckten Zylinder trug, bat die Leute lautstark und wortreich zu bleiben und sich die nächste Sensation anzuschauen: *The White Minstrel*. Doch die Reihen leerten sich.

Das Zelt war bestimmt sieben oder acht Meter hoch, die weißen, blauen, grünen und rostfarbenen Streifen der Plane liefen oben wie ein Wirbel zusammen und erinnerten mich an

Kreisel, wie Hypnotiseure sie verwendeten, um ihr Gegenüber in Trance zu versetzen.

Es waren nur noch wenige Zuschauer im Zelt, als ein allem Anschein nach schwarzer Mann, der sich sein Gesicht wie ein Pantomime weiß geschminkt hatte und einen Cowboyhut trug, die Bühne betrat und einen alten Hank-Williams-Song anstimmte: *„In the world's mighty gallery of pictures hang the scenes that're painted from life"*, sang er. *„There's pictures of love and of passion and there's pictures of keys and of strife."* Neben mir saß ein glatzköpfiger Greis, der in einer schon vergilbten Zeitung las. „DOOMSDAY CLOCK IS 5 TO MIDNIGHT" schrie die Schlagzeile auf der ersten Seite. Worum es in dem Artikel ging, war von meinem Standpunkt aus nicht zu erkennen. Aber die vermischten Meldungen, in die der Alte vertieft war, konnte ich unauffällig mitlesen: Dort stand, dass ein 24-jähriger weißer Mann in Baltimore eine 51-jährige afroamerikanische Barfrau und Mutter von elf Kindern mit einem Spielzeugstock erschlagen hatte. Der Mörder, leicht dicklich, grinste auf dem grob gerasterten Foto. Die Polizei suchte außerdem Zeugen für eine nicht näher benannte Tat, die ein junger Bankprokurist aus New Prague, Minnesota verübt hatte. Der größte Hochofen der Welt war in Duquesne, Pennsylvania feierlich auf den Namen „Dorothy Six" getauft worden.

Der Zeitungsleser blickte auf. Ein durch ein Tuch über dem linken Arm als Kellner zu identifizierender Mann, der viel zu große Schuhe trug, ein weißes Hemd und eine sehr weite graue Hose, die nur durch ein Paar schwarzer Hosenträger gehalten wurde, war auf die Bühne gestolpert und zog an einem dicken Strick einen Wagen hinter sich her, auf dem ein gedeckter Tisch mit Kerzen und silbernen Glocken über den Tellern stand. *„Hey, hey, good lookin', whatcha got cookin'?"*, johlte der Sänger, *„how's about cookin' somethin' up with me?"*, und einige Zuhörer lachten, während der Clown sich wie ein Stummfilmschauspieler mit übertriebenen Gesten den Schweiß von der Stirn wischte.

Tatsächlich erinnerte er mit seiner Garderobe, seiner gelockten, leicht grau durchzogenen schwarzen Tolle, seinen linkischen Gesten und seinem verlegenen Lächeln an Chaplins Tramp. Er rieb sich die Hände und watschelte hinter den Tisch, um stolz die kredenzte Mahlzeit zu präsentieren.

Doch als er feierlich die erste Glocke hob, schaute darunter ein Mann mit Strohhut und riesiger Säufernase hervor – das war, wie ich verdutzt feststellte, zweifelsohne der amerikanische Komiker W. C. Fields, oder besser gesagt ein Doppelgänger, denn Fields war schon an die siebzig Jahre tot. Er kaute auf einer dicken Zigarre herum. Der komische Kellner schien das zunächst nicht zu bemerken, erst die Lacher aus dem Publikum brachten ihn dazu, selbst mal auf seinen Teller zu schauen. Mit schreckensweiten Augen starrte er den unerbetenen Essensgast an, der gerade seine Zigarre im Mund wandern ließ – von links nach rechts, von oben nach unten –, dabei die Augen verdrehte und knurrte. Der Tramp stülpte den Deckel schnell wieder über den Teller und wischte sich noch einmal den Schweiß von der Stirn. Der Sänger war mittlerweile verstummt, spielte mit flinken Fingern eine Art Western Swing, der die Komik des Geschehens noch verstärkte.

Der Kellner näherte sich vorsichtig dem nächsten Teller, setzte die rechte Hand an die Glocke und ging vorsichtshalber ein paar Schritte zurück, sodass es aussah, als würde sein Arm länger und länger. Die Zuschauer grölten. Er lüftete die nächste Mahlzeit, und darunter kam der Kopf eines preußischen Generals hervor – als hätte er eine heiße Kartoffel im Kopf, rief dieser im Hynkel-Ton „Gestatten, von Clausewitz …". Der Ober setzte unter dem Gelächter und Applaus der Menge den Deckel drauf. Das Schauspiel ging mit wechselndem Personal auf den Tellern einige Minuten so weiter. Man sah den Kopf Albert Einsteins mit einem grünen Hut, der besser zu Robin Hood gepasst hätte, einen betrunkenen Dylan Thomas, Bert Brecht mit Fistelstimme, Ernest Hemingway, den jungen Marlon Brando, Charles Mingus, F. Scott Fitzgerald, Shakespeare … Immer schneller lüftete der Kellner die Deckel, sodass ein mitreißender Rhythmus aus den angefangenen und abgebrochenen Sätzen der darunter zum Vorschein kommenden Köpfe entstand. Die ersten Leute klatschten mit. Doch daraufhin verlangsamte der Kellner sein Treiben und ließ die Köpfe im Takt des Western Swings sprechen, sodass aus ihren Sätzen ein großer Textstrom entstand, der sinnhaft wirkte, ohne dass man genau hätte sagen können, was er bedeutete:

„For the beginning is assuredly
The end – since we know nothing, pure
And simple, beyond
Our own complexities
One man stands forever in the middle,
unconcerned, unmoved,
watching, waiting to be allowed to express
what he sees to the other two.
the martyred Man of Sorrows

He'd be able to balance himself on one leg
on a tightrope that stretched across the universe
A round of precious hours
Oh! here, where in that summer noon I basked
And strove, with logic frailer than the flowers
In the dark I hear the night birds call

I can feel a lover's breath
I sleep in the kitchen with my feet in the hall
Sleep is like a temporary death
If it bothers you so much, she'd say,
why don't you just shove off?
Well a childish dream is a deathless need
Tis in my memory lock'd,
And you yourself shall keep the key of it."

Schließlich pustete der Kellner die Kerzen aus, trippelte nach vorne, verbeugte sich am Bühnenrand tief, das Tuch immer noch elegant um seinen linken Arm gelegt, den rechten zur Seite gestreckt. Der Gitarrist spielte weiter. Das Zelt war mittlerweile bis zum letzten Platz gefüllt, und die Menge tobte. Der Kellner legte das Tuch über seine linke Schulter, nahm den Applaus unbeeindruckt mit verschränkten Armen entgegen, bückte sich nach dem Strick und verschwand, den Tisch hinter sich herziehend, von der Bühne.

Ich war vollkommen verzaubert. Diese scheinbar zufällig vom Tramp zusammenmontierten Zeilen aus den Köpfen anderer Leute schienen mehr über die Welt und mein Leben zu sagen, als alle anderen Songs, die ich kannte. Vor allem waren es die Intonation und die Art, wie die Zeilen sich in den Rhythmus der Musik einfügten, die diesen Wörtern eine tiefere Bedeutung zu geben schienen. Dies war ein Lied über Gott und über Mann und Frau, die Liebe, den Tod und die Ewigkeit. Es war komisch und niederschmetternd, romantisch und absurd.

Mich überkam ein beseeltes Gefühl der Erschöpfung, wie ich es in ähnlicher Weise nach meinem bereits erwähnten ersten Dylan-Konzert im März 1995 in der Stadthalle von Bielefeld verspürt hatte. Zugleich war da – damals wie in diesem Moment – ein Erstaunen, diese magische Darbietung an einem so gewöhnlichen, ja, letztlich unbedeutenden Ort am Ende der Welt mit einer sehr überschaubaren Anzahl von Menschen erlebt zu haben. So etwas Ungeheuerliches, Weltbewegendes, so dachte ich damals in Bielefeld, kann man doch sonst eigentlich nur an mythischen Stätten wie dem New Yorker Madison Square Garden oder dem Village Vanguard, dem Fillmore West oder East oder der Londoner Royal Albert Hall erleben. Wie kam die Magie nach Ostwestfalen? War das ein Missverständnis? Ein Traum? Ähnlich wie jener, dem ich soeben beigewohnt hatte? Hier in Paterson war ich mir nicht sicher, ob ich soeben eine Zeitreise unternommen hatte oder mich nur der Illusion einer solchen hingab, weil irgendein detailversessener Veranstalter einen historischen Jahrmarkt auf die Beine gestellt hatte, der, zumindest für einen Fremden wie mich, total authentisch wirkte.

In Bielefeld war das anders gewesen. Nichts wies damals darauf hin, dass mich dieser Abend nachhaltig prägen würde, denn die Zeit, in der Dylans Auftritte ein Ereignis, gar ein Politikum gewesen waren, war Mitte der Neunziger längst vorbei. Kaum jemand hielt den Songwriter noch für sonderlich relevant, niemand echauffierte sich mehr über elektrische Gitarren wie einst in Newport oder – wie bei seiner ersten Deutschlandtour 1978 – über zu viel Glanz und Entertainment. Der Konzertveranstalter Fritz Rau hatte dem Sänger Ende der Siebziger für seine Reise von Berlin über Dortmund nach Nürnberg mit Günther Amendt einen jungen Intellektuellen zur Seite gestellt, der ihm das Land, das seine jüdischen Glaubensgenossen auf dem Gewissen hatte, erklären sollte. Der letzte Auftritt der Tour sollte auf historischem Grund, dem ehemaligen Reichsparteitagsgelände in Nürnberg, das nun Zeppelinfeld hieß, stattfinden.

Doch der politische Liedermacher, der Messias der Gegenkultur, den man erwartet hatte, damit er endlich die Bundesrepublik aus der Provinzialität und Piefigkeit erweckte und das Land von seiner historischen Schuld erlöste, war Dylan schon lange nicht mehr – wenn er es denn je gewesen war. Die Show war durchchoreografiert, der Sänger trug Lidschatten, hinter ihm stand eine Band in Glitzerklamotten, zu seinen Seiten ein Geiger und ein Frauenchor. Alles klang zu schön, alles sah zu gut aus, da waren kein Widerstand und keine Rebellion. Der Dichter Thomas Brasch schrieb nach seinem Besuch des Konzertes in der Berliner Deutschlandhalle:

„Ausgepfiffen angeschrien mit Wasserbeuteln beworfen
von seinen Bewunderern, als er die Hymnen
ihrer Studentenzeit sang im Walzertakt und tanzen ließ
die schwarzen Puppen, sah staunend in die Gesichter
der Architekten mit Haarausfall und 5000 Mark im Monat,
die ihm jetzt zuschrien die Höhe der Gage und
sein ausbleibendes Engagement gegen das Elend der Welt."

Als wir Dylan das erste Mal sahen, war der Welt also längst egal, wie er aussah, was er sang und wie das klang. Wir hatten damals gerade alle den Führerschein gemacht, und ein Freund hatte sich den roten Ford Sierra seiner Eltern geliehen. Zu dritt fuhren wir von unserem kleinen Dorf am Teutoburger Wald die etwa achtzig Kilometer Richtung Ostwestfalen. Navigationsgeräte gab es damals noch nicht, und wir haben uns bestimmt ein-, zweimal verfahren, aber ich erinnere mich nur noch daran, dass die Dylan-Hitsammlung *„Greatest Hits Volume 3"* lief, die die Jahre 1974 bis 1990 umfasste und auf der daher naturgemäß gar keine Hits im eigentlichen Sinne drauf waren. Man ist hier eher Ohrenzeuge eines Sinnsuchers, der durch die Stile, die Zeiten und die Wahrheiten reist (oft hieß es in Rezensionen damals auch: „irrt").

Bezeichnenderweise beginnt das Album mit „Tangled-Up In Blue", einer Art Road Movie, in dem die Bilder bei jedem Hören neu und anders im Kopf entstehen. Eine Amour fou zweier Menschen, die einander an den unterschiedlichsten Orten begegnen und in der Zwischenzeit immer wieder andere geworden sind. Dylan hat den Text zu diesem Lied oft geändert, singt ihn mal in der ersten und mal in der dritten Person, manchmal kommt es einem vor, als denke er wehmütig an eine lange Reise zurück, und zuweilen scheint er noch mittendrin zu sein, und der Rhythmus der Band bollert wie Autoreifen über den Asphalt.

Er hat dieses Lied gesungen an jenem Abend und viele andere Stücke, die ihre Form geändert hatten und die ich oft nur an einzelnen Textfetzen erkannte: „Just Like A Woman", „Positively 4th Street", „Boots Of Spanish Leather" – sogar, was mich besonders freute, „Man In The Long Black Coat". Seine Gitarre rührte er, wenn mich meine Erinnerung nicht täuscht, kaum an, dafür endete jedes Stück mit einer ellenlangen Exkursion auf der Mundharmonika, bei der er am Ende doch immer wieder zum eigentlichen Song zurückfand. Er spielte diese Lieder nicht, er spielte mit ihnen. Und das war für ihn anscheinend so natürlich wie Atmen.

Alle Musiker, die ich bis dahin auf der Bühne gesehen hatte, kamen mir nach diesem Auftritt wie schlechte Schauspieler vor. Ich konnte jahrelang nichts anderes hören als Dylan, so wie ich lange Zeit nichts anderes lesen konnte als Thomas Bernhard, nachdem ich seinen Roman *„Auslöschung"* in die Hand bekommen hatte. Es gibt Künstler, deren Werk einen ganz und gar in Anspruch nimmt. Zumindest für eine Weile. Und immer, wenn Dylan im Land war, und das passiert bei einem, der auf einer niemals endenden Tournee über hundert Konzerte im Jahre spielt, recht häufig, versuchte ich ihn zu sehen – wenn Zeit und Geld es zuließen auch mehrmals.

Schon ein Jahr nach der Show in Bielefeld war er ein ganz anderer geworden, bei den Konzerten in Münster und Hamburg liefen die Lieder in langen, gerade in ihrer unvirtuosen Einfachheit bestechenden Gitarrenimprovisationen aus. Als ich Dylan das nächste Mal sah, in Essen, hatte er nach einem Pilzbefall seiner Lunge und daraus resultierender Herzbeutelinfektion den Tod und mit seinem neuen Album *„Time Out Of Mind"* seine kreative Krise besiegt. Das Publikum war nun jünger, und er hatte eine Band, die ihm bei all seinen Launen folgen konnte. Die Welt schaute wieder hin.

Ich sah, wie er allmählich ins Rentenalter kam, der Rücken nicht mehr mitmachte und er seine Gitarre in die Ecke stellen musste, um stattdessen wie ein kleiner Junge, wenn der Musiklehrer mal kurz den Raum verlassen hat, auf einer Orgel vor sich hin zu dilettieren, ich sah, wie er ganz vorne auf der Bühne stand und mit komischen Gesten seine Songs pantomimisch nachempfand, und wie er sich an einem regnerischen Sommerabend in Berlin-Spandau mit kindlicher Neugier und an den Jazzpianisten Thelonious Monk erinnernder Freude am Synkopieren ein auf der Bühne stehendes Klavier aneignete.

Dylan-Konzerte sind allabendliche Rituale, die Eingeweihten lachen an den richtigen Stellen, applaudieren an den richtigen Stellen und gehen an den richtigen Stellen Bier holen. Und am Ende stehen sie in Grüppchen beieinander, analysieren kritisch das Gesehene und Gehörte und die, denen es gefallen hat, sagen: „Hast du gesehen, er hat an einer Stelle sogar gelacht." Das ist ihre Art zu sagen, dass es ein besonderer Abend war – und irgendwer sagt es immer, weil sich immer wer findet, der gerade auf der für die Stimmung des jeweiligen Abends richtigen Wellenlänge unterwegs ist. Und selbst wenn ich mich in manchem Jahr eher aus Pflichtgefühl und alter Verbundenheit hinschleppte, war ich am Ende wieder versöhnt.

Nach dem Studium durfte ich für den *Rolling Stone* auch über einige dieser Shows schreiben. Eine schwierige Aufgabe. Mal abgesehen davon, dass man mit seinen Versuchen, die Magie des Augenblicks in schlichte Worte zu fassen, immer ein wenig hadert, kann man es Dylan-Fans nie recht machen. Und wenn ich einen Text eines Kollegen über ein Dylan-Konzert lese, suche auch ich als erstes das Haar in der Suppe – hat er einen Namen falsch geschrieben, ein Ereignis falsch datiert, einen Song falsch identifiziert oder zugeordnet, eine neue Deutung, die ein bislang schlechtes Album zu einem Meisterwerk aufwertet, noch nicht zur Kenntnis genommen, schlimme Wörter wie „his Bobness" oder „der alte Grantler" oder „Nicht-Sänger" oder „Folk-Rock" verwendet? Fündig wird man da immer. Und man fühlt sich besser danach, allein auf dem Gipfel der Deutungshoheit.

Ein Mal war ich mir tatsächlich sicher, den ultimativen Dylan-Text geschrieben zu haben. Ein neues Album sollte erscheinen, der *Rolling Stone* wollte eine Titelgeschichte machen. Ein Interview mit Dylan war natürlich wieder mal nicht zu bekommen, aber der uns sehr zugetane Produktmanager der Plattenfirma kam im Büro vorbei, um die neuen Lieder ein paarmal vorzuspielen. Ich schrieb wie ein Wilder jedes Wort, jede Betonung, jedes Riff mit, nahm meine großenteils unleserlichen Notizen übers Wochenende mit heim, setzte mich mit dem Laptop zwischen meine Platten und Bücher, hörte Songs, die Dylan auf seinem neuen Werk zitiert haben könnte, gab Textzeilen bei Google ein, blätterte in seinen Memoiren und den Büchern von Greil Marcus, Michael Gray, Clinton Heylin, Heinrich Detering, Klaus Theweleit und all den anderen großen Kennern. Zudem las ich vieles über die im ersten Lied des Albums erwähnte Stadt Duquesne in Pennsylvania und den Untergang der *Titanic*, von dem der Titelsong handelte – ich fand sogar einen Leo Zimmerman auf der Passagierliste. Leo hieß auch der Protagonist des Liedes, ein Chronist, der mit geschlossenen Augen nicht etwa die sich anbahnende Katastrophe malte, sondern das, was sich in seinem Kopf abspielte.

Am Montagmorgen hatte ich etwa fünfzehn einzeilig beschriebene DIN-A4-Seiten beisammen. Das war natürlich viel zu viel. Aber ein bisschen mehr Platz als Jeff Miers von der *Buffalo News* hatte ich schon. So wurde die bessere Hälfte meines Versuchs über Bob Dylan gedruckt, und ich erwartete den Erscheinungstermin der Ausgabe mit vorweihnachtszeitlicher Vorfreude.

Als ich an jenem großen Tag meine Mails checkte (und checkte und checkte und checkte), fand ich schließlich am späten Abend als erste Reaktion auf meinen Text die Nachricht eines Freundes, der mir den Link zu einem bekannten Dylan-Forum geschickt hatte. Dort diskutierte man in einem Thread zum neuen Album tatsächlich bereits mein Opus magnum, dessen Verfasser überraschenderweise von den Usern nicht den schwarzen Gürtel der Dylanologie verliehen bekam, sondern, so die Meinung der Wortführer, ein ziemlich selbstverliebter Idiot war, dessen Schmierereien das Papier nicht wert waren, auf dem sie gedruckt wurden. Die Wahrheit liegt vermutlich, wie so oft, irgendwo dazwischen.

Diese Leute würden mich wohl für verrückt halten, wenn ich ihnen von meiner Reise, von all meinen Begegnungen und der magischen Show, der ich gerade beigewohnt hatte, erzählen würde. Ich wischte diesen Gedanken beiseite, denn das war für den Augenblick völlig egal. Das hier war meine Reise, ich war frei. Mir war alles erlaubt. Ob Münchhausen oder rechtschaffender Chronist. Ich konnte tun, was ich wollte. Und mehr als alles andere wollte ich mich weiter auf dieses Spiel einlassen, ohne mich fragen zu müssen, wie ich dereinst vor anderen Dylan-Verrückten dastehen würde, ob sie mir meinen Bericht abnahmen oder nicht.

Ich zwängte mich am applaudierenden Publikum hindurch ins Freie. Wenn ich das Zelt umrundete, müsste ich irgendwann zum Bühneneingang kommen. Zu meiner Linken stand das riesige, offensichtlich schon lange verlassene Backsteingebäude der *Electro Steel Corporation*, davor ließ ein Junge einen Drachen in der Form eines Adlers steigen, sein Vater stand in einem weißen Leinenanzug an eine Mauer gelehnt und schaute zu, gab Anweisungen und las nebenher in einer Zeitung. Hinter dem Zelt erstreckte sich Brachland, Greifvögel kreisten darüber auf der Suche nach Beute. Ein Mann im Trenchcoat kam mir entgegen, er trug am linken Arm eine Blindenbinde und schien nicht ganz bei Sinnen zu sein, seine rechte Hand war mit Handschellen am Gürtel einer Frau befestigt, die auf einem über den Boden gespannten Seil lief. Zwei riesige Mastiffs trotteten seelenruhig und herrenlos über den Rasen.

Der Weg war länger als gedacht. So groß war mir das Zelt gar nicht vorgekommen, ich musste es eigentlich längst umrundet haben. Ich sah Einstein im Robin-Hood-Kostüm, in seiner Rechten einen riesigen Koffer und in seiner Linken eine Geige haltend, hinter dem Zelt hervorkommen. An seiner Seite ein zeternder Mönch. Ich verstand nur wie er trotzig keifte: „Schon Augustinus sagte doch, wer nicht eifersüchtig ist, der liebt nicht."

Schließlich kam ich zu einem blau gestrichenen Bretterverschlag, hinter dem ich den Bühneneingang vermutete. Ich zwängte mich durch einen kleinen Spalt hinein und stand vor einer Leine, an der ein paar Hemden, eine Hose und drei Bettlaken hingen. Ein zwergenhafter Mann im roten Kostüm eines Hotelpagen stieg gerade auf eine Leiter, um die Wäsche abzunehmen. Als er das erste Bettlaken herunterzog, sah ich dahinter einen Zelteingang, das zweite gab den Blick auf ein Lagerfeuer frei, vor dem eine Frau in einer Art Ritterrüstung saß und stickte. Sie war noch jung, wirkte aber aus irgendeinem Grund auf mich wie eine alte Jungfer. Als der kleine Page das dritte Laken abnahm, kam ein blauer Zirkuswagen zum Vorschein, vor dem der kellnernde Tramp von eben an einem Tisch saß und sich abschminkte. Vor ihm stand ein Spiegel, dahinter war ein Schachbrett aufgebaut.

„Bob!", rief ich.

„Oh … Hallo!" Er schaute auf, das Abschminktuch noch an der rechten Wange. Er schien über mein Auftauchen überrascht. Das machte mich ein bisschen stolz. Er hatte mich wohl unterschätzt.

„Schön, dich wieder zu sehen", sagte ich. „Ich wusste gar nicht, dass du auf dem Jahrmarkt arbeitest."

Er trocknete sein Gesicht mit dem Kellnertuch und grinste. „Du scheinst nicht besonders viel über mich zu wissen, oder irre ich mich?"

„Das kann gut sein. Deswegen will ich ja mit dir sprechen. Seit wann machst du das denn schon?"

„Oh, so lange ich denken kann."

„Und wie bist du dazu gekommen?"

„Ich habe einen Deal mit dem Oberbefehlshaber."

„Du meinst, mit dem Direktor von diesem Zirkus?"

Er lachte. „Mit dem Direktor von allem", sagte er.

„Der ganzen Welt?

„Dieser Welt und der Welt, die man nicht sehen kann."

„Aber sag jetzt bitte nicht, dass du deine Seele an irgendeiner Kreuzung an den Teufel verkauft hast, wie die alten Bluesmusiker das immer erzählt haben."

„Vielleicht ist es der Teufel, vielleicht ist es auch Gott, aber irgendwem muss man dienen", sagte er ein wenig belustigt.

„Und du warst immer schon hier, sagst du?"

„Ja, natürlich. Ich wurde hier geboren und ich werde gegen meinen Willen hier sterben. Es sieht zwar so aus, als würde ich mich bewegen, aber eigentlich stehe ich still. Jeder Nerv in meinem Körper ist taub und nutzlos, und ich kann mich nicht mal dran erinnern, was es eigentlich war, vor dem ich hierher geflohen bin."

„Du meinst, du hast es verdrängt?"

„Ich meine, es gibt für mich keine Vergangenheit mehr – und keine Gegenwart und keine Zukunft."

„Verstehe ich nicht."

„Du bist doch aus Europa, oder?"

Ich nickte.

„Ganz Europa war früher mal eine Wüste. All diese Sprichwörter vom Sand, der einem durch die Finger rinnt, von Dingen, die auf Sand gebaut sind oder im Sande verlaufen, vom Sand, der die Stunden misst – das kommt nicht von ungefähr. Ohne Uhren wäre die Zeit vollkommen nutzlos. Meine Seele kennt keine Zeit, die gibt es nur in meinem Kopf. Mein Gehirn wird so sehr von Terminen, Kalendern und Zahlen bombardiert, dass es tatsächlich glaubt, es gebe so etwas wie Zeit. Aber was soll das sein? Menschen haben schon Kriege geführt, weil sie unterschiedliche Auffassungen von Zeit hatten."

„Tatsächlich?"

„Nimm den amerikanischen Bürgerkrieg. Im Süden lebte man nach der Sonne – wenn sie aufging, stand man auf, wenn sie unterging, ging man ins Bett. Im Norden lebte man nach der

Uhr, alles richtete sich danach – die Sirenen der Fabrik, die Pfeifen und Glocken. Die Nordstaatler mussten, wie man bei uns sagt, ‚on time' sein. Sie saßen quasi auf ihren Uhren, um immer ‚on time' zu sein." Er lachte. „Also, eigentlich war das ein Krieg, in dem es um zwei unterschiedliche Konzepte von Zeit ging. Mir kann jedenfalls niemand erzählen, die ersten Schüsse auf Fort Sumter hätten etwas mit dem Kampf für die Abschaffung der Sklaverei zu tun."

„Und wie hältst du es mit der Zeit?"

„In der Welt der Wahrheit gibt es nichts, was einfach beginnt, und nichts, was einfach endet. Eine Sache beginnt, während eine andere endet. Es gibt keine scharfe Grenze oder Trennlinie. Es gibt Trennlinien zwischen Ländern. Wir haben Grenzen. Aber Grenzen gibt es in der kosmologischen Welt genauso wenig, wie es sie zwischen Tag und Nacht gibt. Da ähneln sich Raum und Zeit."

„Ich nehme an, du hast keine Uhr."

„Doch, klar. Aber sie hat keine Zeiger."

„So wie in ‚*Wilde Erdbeeren*' von Ingmar Bergman?"

„Jedenfalls nicht so wie in ‚*Safety Last*' mit Harold Lloyd."

Er lachte sich kaputt, und auch ich musste grinsen beim Gedanken an den Komiker mit der runden schwarzen Brille, der am Uhrenzeiger über der Straßenschlucht hing.

„Ist deine Nummer eine Hommage an Charlie Chaplin?"

Er schaute mich verdutzt an. „Charlie Chaplin? Nein. Eher an Charley Bowers."

„Den kenne ich nicht."

„Der liegt hier in Paterson begraben", sagte Bob. „Deswegen sind wir hier. Ein großer Mann. Mein Idol." Er spitzte den Mund, was wohl heißen sollte, dass das ein Witz war.

„Was hat der gemacht?"

„Er wusste, dass ein Mensch, der träumt, sich nicht länger mit der quälenden Frage beschäftigen muss, was möglich ist. Er hat die Zeit einfach nicht beachtet und konnte so die tote Welt beleben."

„So wie du die Köpfe der Dichter wiederbelebst."

„Sie waren nie tot."

„Wie machst du das eigentlich? Das ist irre."

„Das ist ein Geheimnis, das nur Charley und ich kennen. Aber ich gebe dir einen Tipp – es hat mit Wahrnehmung zu tun, man muss die Welt als eine Ansammlung von Dingen und Momenten begreifen, deren Anordnung in Raum und Zeit zufällig ist und beliebig verändert werden kann."

„Verstehe ich nicht. "

„Tut mir leid, mehr kann ich nicht sagen."

„Dann sag mir wenigstens, ob es immer derselbe Song ist, den du bei deinen Auftritten aufführst?"

„Machst du Witze? Nein, niemals. Ich habe noch nie in meinem Leben denselben Song zweimal gespielt."

„Warum nicht?"

„Weil das nun mal die Natur der Dinge ist. Nichts bleibt besonders lange dort, wo es ist. Bäume wachsen in den Himmel, Blätter fallen, Flüsse trocknen aus und Blumen sterben. Und jeden Tag werden neue Menschen geboren. Das Leben bleibt nicht einfach stehen."

„Hast du ein Buch, in dem du die verschiedenen Versionen deiner Lieder notierst?"

„Nein, wenn ich sie gesungen habe, sind sie weg."

„Du machst dir auch vorher keine Notizen?"

„Wozu?"

„Du meinst, das ist alles improvisiert?"

„Was sonst? Niemand lebt nach einem Drehbuch. Zwei Boxer steigen in einen Ring und improvisieren. Du hast Sex mit jemandem und improvisierst. Wenn du mit jemandem sprichst, hast du dir auch nicht vorher aufgeschrieben, was du sagen willst – du improvisierst. Niemand hat dir gesagt, wie man atmen soll, also improvisierst du. Und wenn du träumst, improvisiert dein Bewusstsein. Alles, was lebt, ist improvisiert. Der Rest ist tote Materie."

„Hast du noch viele Vorstellungen oder geht's jetzt wieder zurück nach New York?"

Er zog die Augenbrauen hoch und schaute mich an, als hätte ich etwas vollkommen Absurdes gesagt. „New York? Nein, wir ziehen von hier weiter Richtung Süden." Er zeigte in irgendeine Richtung, von der ich nicht sagen konnte, ob es tatsächlich Süden war.

„Kann ich mitfahren?", fragte ich, ohne groß darüber nachzudenken.

„Du?", fragte er ungläubig. „Kannst du denn irgendwas? Mit dem Brustkorb Eisenketten sprengen oder so?"

„Nein."

„Bist du ein Clown?"

„Kann schon sein, aber nicht auf der Bühne."

„Was ist mit Tieren? Magst du Tiere?"

„Je kleiner desto besser. Am liebsten in Streifen geschnitten und angebraten."

„Du bist tatsächlich ein Clown."

„Ich tue mein Bestes. Ich werde mich nützlich machen, wenn ich kann. Ich bin zum Beispiel gut darin, niemandem im Weg zu stehen, der arbeitet."

„Hm, ich überleg's mir bis morgen."

„Nein, nicht bis morgen. Da bist du längst ganz woanders, und ich brauche wieder Tage, um dich zu finden."

„Oh Mann", stöhnte er. „Okay, wenn du versprichst, dass du mir keine dummen Fragen stellst."

„Was ist eine dumme Frage?"

„Das entscheide ich."

Kapitel 13

RATSO

Ich fühlte mich wie Larry Sloman, der durch die Regie des Zu-
falls Mitte der Siebziger mit Bob Dylan auf Tour gehen und für
den *Rolling Stone* darüber schreiben durfte. Wie genau es dazu
kam, hat er später in seinem äußerst vergnüglichen Buch *„On
the Road with Bob Dylan"* beschrieben.

Er war an einem Sonntagabend im Spätsommer 1975 in
Greenwich Village unterwegs gewesen, um sich ein Konzert des
jungen Folksängers Sammy Walker im *Gerde's Folk City* anzuschauen. Der Club war in den Sechzigern sowas wie das Herz
der Folkszene gewesen. Damals befand er sich noch in der West
4th Street, und so ist anzunehmen, dass Dylan sich in „Positively
4th Street", dem Song, in dem er sich gegen die Dogmatiker der
Folkbewegung zur Wehr setzte, die ihm Ausverkauf vorwarfen,
auf das *Gerde's* bezog. In den Siebzigern war der Club dann aber
einen Block weiter südlich zu Hause. Als Sloman den Laden
betrat, saß bereits der Sänger und Gitarrist der *Byrds*, Roger
McGuinn, mit einigen Leuten an einem der Tische, und er
schloss sich der Gruppe an.

Nach dem Konzert zogen sie weiter durchs Village und lan-
deten schließlich gegen zwei Uhr nachts im *The Other End*.
Dort trafen sie tatsächlich Bob Dylan, der mit ein paar Freunden in einer Ecke des Lokals saß. Sie stellten einander vor, Dylan
schwärmte von seiner neuen Band, und irgendwann fragte er
Sloman: „Hey Larry, hast du Lust, über unsere Tour zu schreiben?"

Der musste nicht lange nachdenken, war er doch, seit er als Jugendlicher in Queens erstmals „Like A Rolling Stone" im Radio gehört hatte, ein großer Fan. Außerdem träumt natürlich jeder Journalist von einer solchen Gelegenheit. Heutzutage trifft man Musiker meist nur noch zu halbstündigen Interviews in irgendwelchen Hotelzimmern, bekommt ein paar gelangweilte Antworten und muss sich die Magie und die Mythen, die die Musik umgeben, anderweitig besorgen oder selbst ausdenken, wenn man seine Leser nicht langweilen will. Dylan verweigert einem sogar diese journalistische Grundversorgung. Er gibt meist nur ein einziges Interview, wenn er ein neues Album zu bewerben hat, und das bekommt aus alter Verbundenheit in der Regel der amerikanische *Rolling Stone*.

Der eingangs bereits erwähnte US-Autor Jonathan Lethem, der selbst mal eines dieser raren Gespräche führen durfte, erzählte mal, Dylan lasse sich eine Liste mit möglichen Interviewpartnern kommen und wähle dann selbst einen aus. Auch den Ort lege er fest.

Das Gespräch in der Suite eines Strandhotels im kalifornischen Santa Monica sei schließlich sehr angenehm gewesen, so Lethem. Dylan habe großen Wert darauf gelegt, dass sein Gegenüber alles verstehe, habe Dinge mehrmals erklärt und sich viel Zeit genommen. Als er schließlich am Schreibtisch gesessen und den Artikel geschrieben habe, erzählte der Autor, habe es sich angefühlt, als sei er nicht mehr als ein demütiger Erfüllungsgehilfe, der die Dylan'sche Inszenierung zu Papier bringen dürfe. So hat er als Protokollant quasi an der Kunstfigur Bob Dylan mitgeschrieben – genauso wie auch Sloman drei Jahrzehnte zuvor. Er durfte die *Rolling Thunder Revue* begleiten, diesen fahrenden Zirkus, der durch den amerikanischen Nordosten zog.

Dylan selbst sah diese Tournee in der Tradition der *Commedia dell'Arte*, dem italienischen Straßentheater, bei dem die Mehrzahl der Schauspieler Masken trug und ihr Leben lang die gleiche Rolle spielte, improvisierte und perfektionierte. Auch Sloman bekam schließlich inmitten von Sängern, Dichtern, Musikern und Gauklern die Rolle seines Lebens – in den Credits des auf der Tour entstandenen viereinhalbstündigen Filmepos' „*Renaldo and Clara*" tauchte er als „Newspaper Man" auf, doch der Name seiner Figur lautete eigentlich Ratso. Als er auf einem Hotelparkplatz in Waterbury, Connecticut in seinem gemieteten Ford Granada saß, kam nämlich Joan Baez auf ihn zu, strich ihm durchs fettige Haar und taufte ihn auf diesen Namen – nach dem hinkenden, niemals seine Unterwäsche wechselnden Kleinganoven Salvatore „Ratso" Rizzo, den Dustin Hoffman in John Schlesingers „*Midnight Cowboy*" gespielt hatte. Der Name blieb hängen. Als Ratso tauchte Sloman in den Achtzigern etwa auch in den Detektivgeschichten seines Freundes Kinky Friedman auf. Durch Kontakt mit der Kunstfigur Dylan war Larry Sloman selbst zu einer geworden.

Kapitel 14

TRÄUME
UND TOD

Gegen Abend saßen wir an einem kleinen Klapptisch in Bobs
Zirkuswagen. Die Dämmerung hatte das Innere in ein rötliches
Licht getaucht. Auf dem Boden standen zwei riesige Truhen, auf
denen eine Menge Staub lag. Die eine stand einen Spalt weit
offen, und man sah, dass sie voller Platten in sandfarbenen
Hüllen war. An der Innenseite der Tür hing ein Plakat zu Fellinis
„La Strada". Auf dem Plattenspieler, den ich nicht sehen konnte,
knisterte eine alte Schellackplatte vor sich hin – Geeshie Wiley,
eine Frau, von der man so gut wie nichts weiß, außer, dass sie
Anfang der Dreißigerjahre zwei Singles für Paramount Records
aufnahm und auf einer dritten zumindest mitwirkte, sang den
„Last Kind Word Blues", und im Hintergrund dieselte dazu die
Gitarre von Elvie Thomas. Es war unmöglich, jedes Wort zu verstehen, doch die Stimme dieser alten trauernden Frau erzählte
die Geschichte auch so.

Ich kannte diesen Song aus einem Film, denn der Comiczeich-
ner Robert Crumb hört ihn in Terry Zwigoffs Dokumentation
„Crumb", während er über seine Liebe zu alten Musikaufnahmen
aus den Zwanzigern und frühen Dreißigern philosophiert. Und
einen Moment lang überlegte ich, ob ich mir einen der Sätze,
die Crumb in dieser Szene des Films spricht, leicht abgewandelt
ausleihen sollte, um mich mit Bob gepflegt über das soeben

gehörte Stück zu unterhalten. „Bob, findest du nicht auch, dass man in diesem Song den besten Teil der Seele der einfachen Leute hört? Man spürt förmlich, wie sie sich mit der Ewigkeit verbinden stimmt's? Heute gibt es außer dir fast keinen Sänger mehr, der auf diese Weise singen kann." Aber das schien mir dann doch zu ranschmeißerisch. Man sollte seine Bewunderung nicht allzu sehr kundtun. Sonst ist das mit dem Gespräch auf Augenhöhe schnell erledigt und man ist nur noch ein kleiner Fanboy.

Immer, wenn die Nadel in der Auslaufrille gelandet war, stand Bob, der immer noch seine Kellnergarderobe trug, auf, verschwand im hinteren Teil des Wagens und legte sie wieder auf den Anfang der Platte. Alle drei Minuten. Wie ein autistisches Kind.

Ob er in diesem Wagen wohnte? Ron Wood von den *Rolling Stones* erzählte mal in einem Interview, Dylan habe eine Zeit lang im Garten des Shangri-La-Studios in Malibu in einem Zelt gelebt, das er sich aus ein paar Laken und Bettdecken selbst gebaut hatte. Er schien also recht genügsam zu sein.

„Fährst du gleich noch ins Hotel oder bleibst du hier?", fragte ich unschuldig.

„Was? Wohin?", fragte er, als er sich leicht stöhnend wieder an den Tisch setzte.

„Ins Hotel", wiederholte ich. „Fährst du noch ins Hotel?"

„Nein, nein, bloß nicht", sagte er und machte eine Bewegung, als wolle er ein lästiges Insekt vertreiben. „Die haben da Klimaanlagen, das ist nicht gut für die Stimme."

Ich war mir nicht sicher, ob das ein Witz war, und verkniff mir vorsichtshalber das Lachen.

„Außerdem", fuhr er fort, „wo sollte ich dann mit den beiden hier hin?"

166

Er zeigte in eine Ecke des Wagens, in der sich im Dunkeln zwei riesige Hundekörper abzeichneten. Die Tiere schienen bemerkt zu haben, dass wir über sie sprachen und hoben zeitgleich ihre Köpfe. Ich erkannte die beiden Mastiffs, die mir am Nachmittag über den Weg gelaufen waren.

„Das sind Frankie und Albert", erklärte Bob. „Sie haben es sich auf meinem Bett bequem gemacht. Aber später schlafen sie draußen – und ich auch. Es gibt nichts Besseres als im Halbschlaf unter den Sternen zu liegen, während ein Hund dir durchs Gesicht leckt."

„Ah ja."

„Du kannst dann das Bett haben. So wie ich dich einschätze, schläfst du nicht gerne im Freien."

„Das stimmt. Sehr freundlich."

„Keine Ursache."

„Kannst du dich eigentlich an deine Träume erinnern?"

„Ich lebe in meinen Träumen."

„Verstehe ich nicht."

„Na, ich lebe nicht in dem, was man die wirkliche Welt nennt, mit ihren Fakten und ihren Ideologien und ihren sogenannten Wahrheiten." Er stand auf, um die Platte umzudrehen, verschwand aus meinem Blick ins Dunkel, während er fortfuhr. „Das, was alle Leute Träume nennen, dieses Filmtheater des – wie die Österreicher sagen – Unbewussten, das ist für mich die Realität." Er tauchte wieder im Kerzenlicht auf und setzte sich. „Ich meine nicht diese Träume, aus denen jemand schreiend aufwacht, sondern eher die Sorte, bei der die Zeit und die Geschwindigkeit fliegen, bei denen es in keiner Richtung einen Ausweg gibt – außer den, den man mit seinen eigenen Augen sehen kann."

„Und wo führt der hin?"

„Sag du's mir."

„Ich habe keine Ahnung. In den Tod?"

„Könnte sein, wenn das für dich ein Ausweg ist."

„Ist es nicht?"

„Woher soll ich das wissen? Die Leute denken, nur weil ich ein Folksänger bin und über den Tod singe oder weil ich ein alter Mann bin und über den Tod singe, wüsste ich mehr als sie. Ich singe ja nicht über meinen eigenen Tod. Ich weiß, dass es ihn gibt, aber ich kenne ihn nicht. Ich singe über unser aller Sterblichkeit, so wie all die Sänger vor mir auch. Ist ein gutes Thema, der Tod, denn er ist ein Teil des Lebens. Je eher man das begreift, desto besser ist man dran. Und die, die mit der Überheblichkeit eines Mörders das verteidigen, was sie nicht sehen können, und sich in Sicherheit wiegen, wird es ziemlich bitter treffen, wenn sie merken, dass Gottes Gerechtigkeit naturgemäß auch vor ihnen nicht halt macht. Wohin du schaust, deine Augen krachen überall frontal mit vollgestopften Friedhöfen zusammen."

„Wie fühlt es sich denn für dich an, älter zu werden?"

„Es passieren Dinge, über die man früher niemals nachgedacht hat. Man merkt, wie zerbrechlich ein Mensch ist und wie etwas eigentlich Unerhebliches, was etwa mit deinem Finger oder deinem Zeh passiert ist, dich für eine Weile aus dem Rennen nimmt. So war es jedenfalls bei mir. Und wenn es wieder weitergeht, stellst du fest, dass das Leben unglaublich schnell an dir vorbeizieht – also musst du alles etwas verlangsamen, weil es sonst zu bald vorbei ist."

„Fühlst du dich weiser als früher?"

„Weiser? Nicht unbedingt."

„Glücklicher?"

„Glücklicher? Nein, ich glaube nicht. Glück bedeutet für mich, gut atmen zu können."

„Hast du manchmal das Gefühl, dass du versuchen musst, in den Himmel zu kommen, bevor sie die Tür zumachen?"

„Häh?"

„Na, wie in deinem Song."

„Das bin nicht ich", sagte er, schüttelte den Kopf und schaute zur Tür. Das war wohl die dumme Frage, von der er am Nachmittag gesprochen hatte. Er stand auf und verließ wortlos den Wagen, seine Hunde folgten ihm. Er mochte es wohl nicht, wenn man ihn mit einem seiner Lieder identifiziert. War ich ihm zu nahe getreten? Es war einfach zu verführerisch – „Tryin' To Get To Heaven" ist einer meiner Lieblingssongs aus seinem, wie man sagt, „Spätwerk". Es ist heiß, Donner grollt in der Ferne. Der Sänger kommt nur schleppend voran auf seiner Reise durch sumpfiges Gebiet, den Mississippi runter, von Missouri zum Flußdelta nach New Orleans, wo auch, seine Lebensader, der Highway 61 endet. *„I been all around the world, boys"*, singt er, *„now I'm trying to get to heaven before they close the door."*

Theodor W. Adorno hat auf Beethoven bezogen mal geschrieben, die Reife von Spätwerken gleiche nicht der von Früchten, vielmehr seien sie *„gemeinhin nicht rund, sondern durchfurcht, gar zerrissen; sie pflegen der Süße zu entraten und weigern sich herb, stachlig dem bloßen Schmecken."* Das konnte man auch über die Songs sagen, die Dylan nach seinem 50. Geburtstag aufgenommen hatte.

„Tryin' To Get To Heaven" ist Ende September 1997 auf dem nach Endzeit klingenden Album *„Time Out Of Mind"* erschienen –

an einem Tag, als ich selbst damit rechnete, meine letzte Stunde könnte in Kürze schlagen und der Weg zur Himmelstür oder den Pforten der Hölle – den Limbus, also die Vorhölle, hatte Kardinal Ratzinger ein halbes Jahr zuvor abgeschafft – sei nicht mehr weit. So kam es, dass ein 56-Jähriger den Soundtrack fürs Leben eines 21-Jährigen lieferte. Aber das ist eine halbe Ewigkeit her und eine viel zu lange Geschichte, um sie hier zu meiner Verteidigung vorzubringen.

Es ergab keinen Sinn, ihm hinterherzulaufen. Er war keine beleidigte Freundin. Ich nahm die Nadel von der Auslaufrille der alten Platte und legte mich auf das ziemlich streng nach Hund riechende Bett. Auf dem kleinen Nachttisch stand ein übervoller Aschenbecher, daneben lag ein Stapel Bücher: die Bekenntnisse eines im Sterben liegenden Mannes, der der Yakuza, einer Art japanischer Mafia, angehört hatte, aufgeschrieben von seinem Hausarzt, *„Down There"* von David Goodis, *„Mysteries"* von Knut Hamsun und ein rotes Notizbuch, das Bob vermutlich lange in der Gesäßtasche mit sich herumgetragen hatte, so verbogen und verknickt war es. Dieses Büchlein hatte einen berühmten, ebenfalls roten Vorgänger, in den Dylan im Sommer 1974 die Songideen notiert hatte, die später zu *„Blood On The Tracks"* wurden. Er lebte zu der Zeit getrennt von seiner Frau Sara und war mit den Kindern und einer 24-jährigen Geliebten, die für seine Plattenfirma Columbia arbeitete, auf seine Farm nach Minnesota gezogen. Die Texte, die er zu dieser Zeit schrieb, legten Zeugnis ab von Ehekrise und Selbstzweifeln, sie waren voller Schmerz, Wut und Enttäuschung, waren zärtlich und romantisch, wütend und verletzend. Das Notizbuch wurde ihm irgendwann gestohlen und geriet in die Hände von Fans.

Eine Art heiliger Gral der Dylanologie – zumal sich hier auch einige Songs finden, die nicht veröffentlicht, vermutlich sogar niemals aufgenommen worden sind.

Schon oft habe ich mich gefragt, was für eine Art von Sympathie, Respekt oder Liebe es ist, wenn Fans die Intimsphäre ihrer Idole nicht achten und in ihren privaten Aufzeichnungen rumwühlen oder gar noch Schlimmeres. Ich habe mal im Fernsehen kritisch zu solch obsessivem, die Grenzen des Anstands und des guten Geschmacks überschreitendem Fantum Stellung nehmen müssen. Ein anscheinend noch nicht abgenabeltes oder noch in der analen Phase steckendes Boy-Band-Jüngelchen hatte auf einer Flughafentoilette vergessen abzuspülen und eine geschäftstüchtige Reinigungskraft bot ihren Fund im Netz zum Kauf an. Mit großem Erfolg. Ob das „noch okay" sei, wurde ich damals von einer Mädchenstimme hinter einer Kamera gefragt. Mein eher flapsiger Einwand, der Unterschied zwischen Musik und organischem Abfall sei in diesem Fall kein qualitativer, sondern lediglich ein orifizieller, wurde wohl nur nicht mit dem mittlerweile sprichwörtlichen und in diesem Fall äußerst treffend benannten Shitstorm aufgebrachter Teenagerinnen geahndet, weil sie nicht wissen konnten, dass orifiziell „die Körperöffnung betreffend" bedeutet. Aber davon abgesehen war die Fäkalienversteigerung, um die Antwort auf die gestellte Frage hier nachzureichen, selbstverständlich nicht okay.

Und so war es naturgemäß auch nicht okay, Bobs private Aufzeichnungen zu durchwühlen, selbst wenn sie in gewisser Weise von öffentlichem Interesse waren. Zumal ich ja gerade nicht nach dem privaten Dylan suchte, sondern nach dem mythischen. Aber wo ist die Grenze zwischen den beiden?

Hatte nicht Dylan selbst zuvor gesagt, es gäbe keine Grenzen, nur Übergänge? Ich kämpfte mit meiner Neugier. Ich musste ja keinem davon erzählen, was ich gesehen hatte. Andererseits war es dann aber auch nur der halbe Spaß. Wenn überhaupt.

Und wenn Bob nun hereinkam und mich sah? Zumal er nach meiner dummen Frage wohl eh nicht sonderlich gut auf mich zu sprechen war, wäre das vermutlich das Ende meines Trips gewesen. Vielleicht wollte er mich auf die Probe stellen.

Kapitel 15

SCHARF-
SCHÜTZEN

Das Hippodrom war bereits abgebaut, als ich am nächsten Morgen nach durchkämpfter Nacht erwachte. Alle machten sich startklar für die Reise in die nächste Stadt. Keiner von ihnen hatte seine Kostümierung abgelegt oder seine Maske abgenommen. Es schien sich sogar niemand abgeschminkt zu haben. Ezra Pound und Charles Darwin saßen auf ihren Koffern und studierten gemeinsam den Wirtschaftsteil der Zeitung, der Glöckner von Notre-Dame starrte ungläubig Mona Lisa an, die, wohl so früh noch unrasiert, einen kleinen Damenbart trug, Lennie Bruce und Charley Patton lachten lauthals – vermutlich über einen schmutzigen Witz. Ich spürte, wie mich alle misstrauisch beäugten. Ich musste irgendwie ihr Vertrauen gewinnen. Vielleicht würde es helfen, wenn ich mich ebenfalls kostümierte oder mir zumindest das Gesicht schwärzte?

Bob war nirgendwo zu sehen. Der zwergenhafte Page berichtete, er sei bereits am späten Abend mit dem Fahrrad vorgefahren.

„Ich dachte, er wollte im Freien schlafen?"

„Davon weiß ich nichts", sagte der kleine Mann.

Wo es denn hin ginge, wollte ich wissen. „Nach Richmond, Virginia", sagte er.

Da waren wir also bald tatsächlich mitten im amerikanischen Bürgerkrieg. Auf dem *Hollywood Cemetery* von Richmond, wo neben 25 Generälen der Konföderierten auch die US-Präsidenten James Monroe und John Tyler und der Konföderiertenpräsident Jefferson David begraben liegen, hatte Dylan mal das Video zu einem Song gedreht, den er aus der Poesie vieler amerikanischer Dichter des 19. Jahrhunderts gesponnen hatte, unter ihnen der *poete laureate* der Konföderierten, Henry Timrod, aber auch etwa Herman Melville und Walt Whitman.

„I crossed the green mountain
I slept by the stream
Heaven blazing in my head
I dreamt a monstrous dream"

Wenn der Himmel in dieser ersten Strophe im Kopf des Sängers aufflammt, ist das auch eine Vorahnung und zugleich ein Nachhall von „Lapis Lazuli", dem Gedicht, das W. B. Yeats kurz vor Beginn des Zweiten Weltkriegs schrieb.

Zu dieser von Unheil und Tod kündenden Ballade sieht man Dylan im Frack, mit verwegener Perücke unter einem Zylinder als furchtlosen Fremden durch ein Zeltlager reiten, das mal das der Konföderierten und mal das der Unionisten zu sein scheint – so als könne er durch Raum und Zeit schweben. Er begutachtet die Verwundeten und mit dem Tode Ringenden, während seine Stimme sehr viele eindrucksvollere impressionistische Bilder der Vergangenheit malt.

„They tip their caps
From the top of the hill
You can feel them come
More brave blood to spill"

Der Schauspieler Gregory Peck hatte die Verbindung zwischen
der Geschichte des Bürgerkrieges und Dylans Stimme schon
einige Jahre zuvor bei seiner Laudatio anlässlich der Verleihung
eines vom *John F. Kennedy Center of Performing Arts* an den
Sänger verliehenen Preises gezogen. „Als ich ein kleines Kind
war in La Jolla, Kalifornien", sagte er dort, „hatten wir am 4. Juli
eine Parade, und ich kann mich sehr genau an den Anblick
von Bürgerkriegsveteranen erinnern, die die Straße runter-
marschierten und den Staub aufwirbelten. Als ich das erste Mal
Bob Dylan hörte, kam diese Erinnerung zurück. Und ich stellte
ihn mir als so einen Bürgerkriegstypen vor. Einen Troubadour
aus dem 19. Jahrhundert. Einen unangepassten amerikanischen
Geist. Die Brüchigkeit seiner Stimme und seine knorrigen Worte
gehen direkt ins Herz Amerikas."

Viele Jahre später habe er einen Song gehört, in dem Dylan
über einen Film sang, den er zweimal hintereinander gesehen
habe, so Peck weiter: *„All I remember about it was it starred*
Gregory Peck, he wore a gun and he was shot in the back", habe
es da geheißen. Peck erklärte, es handle sich hier um den Film
„The Gunfighter", in dem er einen Outlaw spiele, der nach einem
Duell, bei dem er einen jungen Mann getötet habe, auf der
Flucht sei. Die friedliebenden Bürger des Kaffs, in dem er sich
versteckt, wollen ihn aus der Stadt haben, bevor es zu einer

Schießerei komme. Bob Dylan, so schloss Peck seine Rede, habe nie die Stadt verlassen, bevor es gefährlich wurde.

Ich war mir nicht so sicher, ob das wirklich stimmte, so oft wie er mir jetzt bereits entkommen war. Aber ich würde ihn hoffentlich wiedersehen in Richmond, Virginia. Ob er den gesamten Weg mit dem Rad fahren würde? Das waren sicher über fünfhundert Kilometer. Und wo waren seine Hunde?

Der Rest der Truppe fuhr mit dem Bus. Ich hatte einem Mann, der gerade seinen Jahrmarktstand abbaute, einen Hut und einen falschen Schnauzbart abkaufen können, so dass ich meine Reise zumindest notdürftig kostümiert antrat. Vertrauenerweckend sah ich jedoch anscheinend immer noch nicht aus. Und so saß ich schließlich die ganze Fahrt über allein auf der Rückbank des Busses und schaute stumm auf die vorüberziehende Landschaft. Nach fünf Stunden Fahrt sah ich Richmond sich in der Ferne abzeichnen, und meine Erwartungen an eine Stadt wurden erneut enttäuscht. Der Hauch der Geschichte wehte mich keineswegs an, als wir uns der Bürgerkriegsmetropole über die Interstate 95 näherten – ich sah eine ganz normale amerikanische Stadt mit endlosem, wie es hier hieß: „urban sprawl", auf Deutsch würde man wohl sagen: mit starker Zersiedlung. Wie ein großes Meer sah dieses Suburbia aus, dessen Wellen sich schließlich an den riesigen Wolkenkratzern des Zentrums brachen. Aber die sahen wir nur von Weitem, denn der Bus hielt zwischen trostlosen Industrieruinen.

So allmählich verstand ich all die Musiker, die über die Öde und Langeweile ihrer endlosen Tourneen stöhnten, die wie Junkies apathisch vor sich hindösten und auf den Moment warteten, in dem am Abend das Saallicht ausging und ihnen das Adrenalin in die Blutbahn schoss.

Das Hippodrom war noch nicht aufgebaut, ja, noch nicht mal eingetroffen, und auch von Bob fehlte jede Spur. Doch auf dem Brachland standen zwei Zelte mit Feldbetten – eines für Männer und eines für Frauen. Beim Einrichten des Nachtquartiers wechselte ich ein paar Sätze mit als T. S. Eliot, Pat Garrett und Ernest Borgnine Kostümierten, die sich strikt weigerten, aus ihrer Rolle zu fallen. Doch sie gaben mir immerhin das Gefühl, nicht länger ein Außenseiter zu sein. Ernest Hemingway gab mir aus irgendeinem Grund den Namen Ringo.

Im Laufe des Abends versuchte ich herauszufinden, wo Bob abgeblieben war. Doch sobald ich seinen Namen erwähnte, reagierten meine neuen Mitbewohner – je nach mentaler Verfassung – panisch oder genervt. Shakespeare versteckte sich hinter einer Regentonne, F. Scott Fitzgerald machte eine abwehrende Handbewegung und griff zur Flasche, Carl von Clausewitz sah mich mit angstweiten Augen an und das Blut wich aus seinem Gesicht, und Willie Dixon, Schöpfer so großer Bluessongs wie „Hoochie Coochie Man", „I Ain't Superstitious", „Little Red Rooster" und „Spoonful", der mir beim Abendessen gegenüber saß, wischte sich mit einem riesigen Tuch den Schweiß von der Stirn, stand auf und entschuldigte sich, ihm sei übel, da eine Spinne in seinem Eintopf krabble.

Später am Abend kam ich mit einem Mann ins Gespräch, der eine große Ähnlichkeit mit Norman Mailer hatte und sich auch so nannte. Seine widerspenstigen Haare standen zu allen Seiten ab und seine Ohren wirkten wie kleine Satellitenschüsseln, mit denen er jedes Signal aus dem All aufnehmen konnte. Er redete unaufhörlich und ließ mich nur zweimal zu Wort kommen: Er fragte, woher ich käme und, nachdem ich geantwortet hatte, ob ich Ernst Jünger persönlich kennen würde.

Die einzige Möglichkeit, ihn zum Schweigen zu bringen, bestand, so schien mir, darin, ihn ebenfalls auf Dylan anzusprechen. Ich nahm all meinen Mut zusammen und warf mit großem Nachdruck eine Frage in seinen Wortstrom, deren Aufplatschen er nicht überhören konnte.

„Was?", fragte er irritiert.

„Ich habe gefragt, ob Bob euch die Sätze aufschreibt, die ihr zu sagen habt."

„Was?", fragte er erneut, nur war die Irritation jetzt einer Wut gewichen.

„Ich meine, das ist schon erstaunlich, wie aus diesen eigentlich isolierten Zeilen ein Song entsteht", versuchte ich ihn zu beschwichtigen.

„Was denn für Zeilen?", fragte er immer noch gereizt.

„Na, die ihr da aufsagt ... mit dem Kopf auf dem ... Teller?"

Die Art, wie er mich ansah und noch mehr die Weise, auf die er atmete, machten mich unsicher.

„Wir sagen keine Zeilen auf!", schrie er mit hochrotem Kopf, und ein paar seiner Kollegen schauten verängstigt in unsere Richtung. „Der Typ ist ein gottverdammter Bauchredner", fuhr er unmerklich leiser fort, „und wir kriegen einen Tritt in den Arsch, damit wir wissen, wann wir unseren Mund aufzumachen haben. Wusstest du das nicht?"

„Wirklich?"

„Ja, wirklich. Das sieht doch ein Blinder! Und noch schlimmer: Das hört ein Tauber! Er kann noch weniger Bauchreden als er singen oder gar dichten kann, und das will was heißen! Man kann ihn überhaupt nicht verstehen." Er tat so, als würde er etwas vor sich hinmurmeln. „Was hast du gesagt, Bob?", fragte er dann höflich, mit gespielter Neugier in der Stimme, lachte und schlug sich auf die Schenkel. „Er ist wirklich der schlechteste Bauchredner aller Zeiten. Ich fass es einfach nicht, dass du tatsächlich drauf reingefallen bist. Ich sage dir eins, du musst dich wirklich in Acht nehmen in diesem Leben. Da werden noch viele Typen mit dir Hütchenspiele spielen und dich übers Ohr hauen. Denn genau das ist es, was dieser Dylan – ich glaube, das ist nicht sein richtiger Name, oder? – was also dieser Typ, der uns seinen Namen nicht verraten will, mit uns macht. Er spielt Hütchen mit unseren Köpfen. Na, unter welchem Hütchen

179

liegt die Poesie? Wo versteckt sich die Bedeutung? Finden Sie die Philosophie! Aber da ist nichts – nichts! Unter jedem Hütchen ist nur eine leere Maske. Er tritt uns alle in den Arsch, wenn du verstehst, was ich meine. Wenn er ein Künstler ist, dann ist Gore Vidal ein Jahrhundertgenie! Und du bist drauf reingefallen. Diese Deutschen, also wirklich, auf jeden Blender fallt ihr rein ..." Er konnte sich vor Lachen nicht mehr halten und fiel von dem Baumstumpf, auf dem er die ganze Zeit über gesessen hatte.

Mailer war nicht der einzige Künstler, der Dylan auf diese Weise kritisierte und ihn – mehr oder weniger – einen Scharlatan nannte. Der englische Dichter Philip Larkin schrieb Mitte der Sechziger in einer Kritik für den *Daily Telegraph*, der Song „Desolation Row" habe eine entzückende Melodie und einen mysteriösen, aber aller Wahrscheinlichkeit nach halbgaren Text. Dylan sei eine Legierung aus wahrem und gefälschtem Folk. Einige Zeilen seien gut, aber ein echter Dichter sei er wohl nicht, eher ein humpelnder, mit der Gitarre als Krücke. Joni Mitchell nannte ihn einen Schwindler, an dem nichts echt sei – weder der Name, noch die Stimme. Alles an ihm sei eine Täuschung, wetterte die als Roberta Joan Anderson geborene Songwriterin. Einige Jahre später relativierte sie ihre Aussage, nur um gleich noch ein paar Giftpfeile hinterher zu schießen. Sie liebe viele seiner Songs, erklärte sie, obwohl er musikalisch nicht besonders talentiert sei. Er habe sich seine Stimme von alten Hinterwäldlern geliehen und überhaupt sehr viel ausgeborgt, und ein besonders toller Gitarrist sei er sicher auch nicht. „Er erfand eine Figur, um seine Songs rüberzubringen. Manchmal wünschte ich, ich hätte so eine Figur haben können, weil man damit eine Menge Dinge anstellen kann. Es ist eine Art Maske."

Mailer und Larkin schauten mit der Arroganz der älteren Generation auf den jungen Bilderstürmer Dylan, Mitchell sah in ihm den großen Antagonisten und Liebling einer von Männern dominierten Presse und Industrie – als feministische Pionierin, die um Selbstbestimmung kämpfen und ihre Positionen behaupten musste, hatte sie zudem vermutlich wenig Verständnis für seine Rollenspielereien.

Aber alle Kritik scheint an der Kunstfigur Dylan, um die es ja eigentlich geht, vollkommen vorbeizuzielen. Als Dichter hat er sich nie gesehen, Virtuosität war ihm immer zuwider, und er wäre der letzte gewesen, der bestritten hätte, dass er sich Dinge ausborgte und zu eigen machte. Dieses Aufnehmen und Adaptieren war immer ein wichtiger Teil der Folktradition, der er sein Leben lang treu blieb, auch nachdem er sich mit den linken Idealen des Folk Revivals angelegt und auf cooler Popstar gemacht hatte. Selbst die wechselnden Identitäten ließen sich aus der Tradition erklären – wer einen Folksong singt, schlüpft automatisch in eine Rolle: Egal ob Mann oder Frau, jung oder alt, als Interpret von „House Of The Rising Sun" singt man mit der Stimme einer Hure, die im Bordell einer Madame mit einem Nachnamen wie eine aufgehende Sonne, Marianne LeSoleil Levant, verkehrte, das sich zwischen 1862 und 1874 auf der St. Louis Street in New Orleans befand.

Da ist er wieder, der Reflex des Dylan-Fans, seinen Helden – oder besser: das Bild, das er von ihm hat – gegen Kritik zu verteidigen, selbst wenn sie von wesentlich größeren Geistern kommt als dem eigenen. Die meisten Menschen brechen ja irgendwann mit ihrem Idol oder hören einfach generell auf, sich für einen Künstler und dessen Werk so sehr zu interessieren, dass ihr Leben davon abhängt. Bei Dylan ist das eindeutig anders. Seine Anhänger, vor allem die männlichen, scheinen mit dem Alter sogar besessener zu werden; wenn auch in den meisten Fällen nicht so besessen wie Bill Pagel aus Chicago, der irgendwann wegen Dylan nach Hibbing zog und zudem das Haus in Duluth kaufte, in dem der Songwriter die ersten Jahre seiner Kindheit verbrachte, um es in den Originalzustand von einst zurückzuverwandeln.

Und natürlich gibt es auch Ausnahmen. Der Duisburger Songwriter Tom Liwa ist so eine. Jahrgang 1961, ist er mit Dylan-Songs aufgewachsen, hat einige von ihnen selbst oft gespielt und auch aufgenommen. In seinem autobiografischen, dem Bewusstseinsstrom folgenden Lied „Wovor hat die Welt am meisten Angst?" singt er etwa folgende Zeilen:

„Und 76 war ein dunkles Zimmer
Die Mädchen haben Dylan gehört
Und die Jungs im Keller
Sangen jedes Wort bei Zappa mit

Und klar wollte ich Bob sein
Und holte mir ne Lungenentzündung
Beim Spaziergang den Rhein lang
Von der Quelle bis zur Mündung"

Vor nicht allzu langer Zeit ging ich mit meinem Freund, der mich über die Jahre mit Springsteen-Bootlegs versorgt hatte, auf ein Liwa-Konzert in einem Berliner Wohnzimmer. Es war der 24. Mai. Dylans Geburtstag. Tom unterlief, einem geradezu

Dylan'schen Impuls folgend, die Erwartungen seiner Zuhörer und spielte nur neue Lieder, deren Texte er von seinem Laptop ablas. Irgendwann rief mein Freund: „Spiel was für Bob!" Liwa wollte nicht unhöflich sein, doch man sah, wie er sich wand. Umständlich erklärte er, sein Verhältnis zu Dylan sei ein schwieriges. Man muss wohl kein Therapeut sein, um einen Vatermord zu wittern oder zumindest den Willen, sich zu emanzipieren, wie Dylan ihn gegenüber Woody Guthrie auch irgendwann entwickelte, doch Liwa erklärte die Entfremdung von seinem einstigen Idol anders: Er sang ein Lied darüber. Dylan gehe in die Nacht, er aber gehe ins Licht, hieß es dort. Er siezte Dylan, so groß war die Distanz schon geworden. Und der Tonfall wurde in einer nahezu dialektischen Wendung geradezu dylanesk, als er fortfuhr:

„Es stimmt mich traurig,
Wie hart und bitter Sie geworden sind
Aber leid tut es mir nicht.
Ich bin kein Mann mit einem Schellenkranz,
Der ewige Treue schwört.
Ich roll den Stein zurück den Berg rauf
Doch ich kann die alten Lieder wieder hööörn"

Vielleicht ist Liwa dem Dylan-Prinzip der stetigen Veränderung einfach konsequent gefolgt – natürlich mussten zwei Künstler, die ständig in Bewegung sind und genau wie das Leben öfter mal die Richtung wechseln, sich irgendwann aus den Augen verlieren. Ob Liwa Norman Mailer an jenem Abend in Richmond, Virginia beigepflichtet hätte, wage ich allerdings zu bezweifeln.

Mir hätte allerdings nichts Besseres passieren können als der Mailer'sche Ausbruch. Denn nach und nach kamen die anderen Künstler der „Traveling World Fair" auf mich zu, um das Bild, das ihr Kollege von Dylan gezeichnet hatte, zu korrigieren. Fast alle flüsterten zunächst zögerlich, doch viele schilderten mir in aller Ausführlichkeit ihre Sicht der Dinge, baten mich aber, ihre Namen nicht zu nennen, falls ich beabsichtigte, alles aufzuschreiben.

Ich habe beschlossen, die einzelnen Stimmen hier trotzdem in Auszügen abzubilden, denn ich glaube, sie geben ein Bild von Dylan, wie ich es allein niemals zeichnen könnte.

„Vielleicht ist er ein Scharlatan, aber wen stört das? Die Illusion ist Teil des Spiels, ein Zauberer muss den Leuten etwas vormachen. Das ist nun mal das Showbusiness."

„Ich habe keine Ahnung, wer er ist, und ich weiß nicht, was er tut. Aber es macht Spaß, ihm zuzusehen. An manchen Abenden denke ich, dass er die Leute hinters Licht führt, an anderen glaube ich, er sagt ihnen die ganze Wahrheit."

„Er spielt unablässig. Gleich dem Kafka'schen Trapezkünstler, der im Gepäcknetz schläft, um nur ja keinen Augenblick im Training nachzulassen. Jedes Zusammensein mit ihm ist ununterbrochene Vorstellung. Kaum getraut man sich, zu ihm zu reden, nicht aus Respekt vor dem Ruhm – keiner könnte weniger aus ihm ableiten, keiner unprätentiöser sein als er –, sondern aus Scheu, mit der Vorstellung den Bann zu stören."

„Er lebt sein eigenes Leben, so einfach ist das. Man kümmert sich mit ihm um das, was gerade anliegt. Er ist sein eigener Herr. Er hat seine Meinung, aber er ist nicht starrsinnig. Er ist offen, aber posaunt nicht immer gleich alles heraus. Ich hatte Probleme, aber wenn du ihn damit konfrontierst, hört er zu. Er ist anders als viele Leute sagen, man kann mit ihm über alles reden. Am besten unter vier Augen. In einer Gruppe hält er sich lieber im Hintergrund. Egal, wer die Leute sind, er bleibt derselbe, und er schenkt ihnen seine Aufmerksamkeit.“

„Der Mensch, den er verkörpert, ist ein Loch. Er hat keinen Willen, an der Stelle des Selbsterhaltungstriebes, der Machtgier ist bei ihm eine einzige Leere, die so blank ist wie die Schneefelder Alaskas.“

„Ich weiß nicht, wo diese Songs herkommen. Und ich schätze, er weiß es auch oft nicht. Abende mit ihm sind wie eine Séance, er beschwört Geister. Man ist nie mit ihm allein im Raum.“

„Er ist das Gegenteil von einem Plagiator, das Gegenteil aber auch von einem Meister oder Vorbild. Sehr lange Vorbereitung, doch ohne Methode, ohne Regeln und Rezepte. Vermählung und kein Paarverhältnis noch Ehestand. Einen Sack haben, in den ich all das stecke, was mir begegnet – vorausgesetzt, ich werde selber in einen Sack gesteckt.“

„Etwas von der armen kurzen Kindheit ist in seiner Kunst, etwas von verlorenem, nie wieder aufzufindenden Glück, aber auch etwas vom tätigen heutigen Leben ist darin, von seiner kleinen, unbegreiflichen und dennoch bestehenden und nicht zu ertötenden Munterkeit. Und dies alles ist wahrhaftig nicht mit großen Tönen gesagt, sondern leicht, flüsternd, vertraulich, manchmal ein wenig heiser. Natürlich ist es ein Bauchreden. Wie denn nicht? Bauchreden ist die Sprache unseres Volkes, nur grummelt mancher sein Leben lang und weiß es nicht; hier aber ist das Bauchreden freigemacht von den Fesseln des täglichen Lebens und befreit auch uns für eine kurze Weile. Gewiss, diese Vorführungen wollten wir nicht missen."

„Lieder schreiben kann der Junge nicht – aber singen, das kann er."

„Er muss die Zeit, die ihm bleibt, nutzen, um das Jetzt für die Zukunft zu erschaffen, sich die Vergangenheit zunutze machen, um der Zukunft zu helfen – nicht als Streichriemen für Schuld und Ängste, die in seinem Innern wohnen. Oder wie es am Ende eines Arbeiterliedes heißt, das ich als Kind sehr mochte: Was ich meine ist, nimm's leicht, aber nimm es."

„Ich weiß gar nicht, was alle haben. Bob ist ein ganz normaler Typ. Ein bisschen schüchtern vielleicht – er kann einem nicht in die Augen sehen –, aber sonst: ein ganz normaler Typ."

„Wie soll der heißen? Bob Dylan? Kenne ich nicht. Ach – du meinst den Bauchredner? Mir hat er sich als Robert Milkwood Thomas vorgestellt."

Kapitel 16

EIN EHREN-WERTER SCHWINDLER

Bob sah ich erst wieder, als er am nächsten Tag gegen Mittag mit seinem Tisch im Schlepptau auf die Bühne watschelte. Es war die Kindervorstellung. Als der weißgeschminkte Schwarze sein „Pictures From Life's Other Side" sang, waren die Kleinen noch unaufmerksam, und ich konnte den Song nur anhand einiger Textfetzen identifizieren, die ich zwischen dem schrillen Gekreische und Gequäke heraushörte – „old age" – „young bride" – „other side" – „with the tide" … Doch der Tramp zog sie vom ersten Moment auf der Bühne in seinen Bann wie ein Rattenfänger. Sie begrüßten ihn mit einem durchdringenden Lacher, kicherten verunsichert, quiekten, als er den ersten Kopf enthüllte (es war dieses Mal der von Charles Dickens) und jaulten, als er ihnen Stan Laurel, Michael Jackson und Kermit The Frog präsentierte. An einer Stelle tauchte er sogar selbst in seinem Mitt-Sechziger-Outfit unter einer der Glocken auf und näselte: *„There was nobody even there to call my bluff."* Doch da lachte schon niemand mehr, alle lauschten wie gebannt den servierten Zeilen, es herrschte absolute Stille. Nur als eines der Kinder versuchte, auf die Bühne zu klettern, rief seine Mutter es ermahnend zurück: „Lucas!" Bob zuckte kurz erschrocken und grinste.

Es waren die gleichen Akkorde wie am Tag zuvor, aber naturgemäß war es ein vollkommen anderer Song – leichter, verspielter, aber nicht weniger berührend.

Nach der Veranstaltung schien Bob mich vollkommen zu ignorieren. Oder hatte ich meine – wie ich dachte – eher rudimentäre Kostümierung unterschätzt, und er erkannte mich einfach nicht? Ich beschloss, ihm meinerseits erst mal aus dem Weg zu gehen und bis zur nächsten Vorstellung ein wenig über das Gelände zu schlendern.

Der Mann, der mir Hut und Bart verkauft hatte, grüßte und lächelte. Eine Wahrsagerin schaute, wohl Kundschaft erwartend, aus ihrem Zelt heraus. Ein Drehorgelspieler schimpfte auf dem Boden kniend mit seinem Affen, der anscheinend den Hut mit dem Kleingeld umgeworfen hatte. Der Primat verbarg seinen Kopf schuldbewusst zwischen den langen Armen und jaulte.

Die Kostüme, die hier jeder trug, die altmodischen Stände und die angeklebten Bärte – so allmählich ging mir diese Retro-Jahrmarkt-Atmosphäre ziemlich auf die Nerven. Die amerikanische Geschichte als Disneyland, eine riesige Fälschung, alles Kulisse, vollkommen hohl. Sogar der Maler, der mit Allongeperücke, wie sie die amerikanischen Richter tragen, schwarzem Frack und Rüschenhemd an seiner Staffelei stand, pinselte ein Bild, das aussah wie ein Alter Meister. Er arbeitete anscheinend am Letzten Abendmahl – nur dass nicht Jesus in der Mitte saß, sondern George Washington. Mit schwarz geschminktem Antlitz! Die Figuren um ihn herum hatten noch keine Gesichter.

„Gefällt es dir?", fragte der Künstler. Ich war wohl einen Moment zu lange vor seinem Werk stehengeblieben.

„Weiß nicht", sagte ich. „Sieht irgendwie alt aus, obwohl es noch gar nicht fertig ist."

„Ja, nicht?", sagte er zufrieden. Er schien das als Kompliment aufzufassen.

„Warum?", fragte ich.

„Was, warum?"

„Warum malst du so ein altes Bild?"

„Weil wir die Geschichte nicht denen überlassen dürfen, die die Macht haben."

„Bitte, was?"

„Na, ist doch klar. Die Geschichte lässt sich im Gegensatz zur Gegenwart oder Zukunft beliebig verändern. Und am besten ist es, wenn das von ehrenwerten Schwindlern und Fälschern besorgt wird. Schau her – ich male das Gründungsdokument der Vereinigten Staaten im Stil eines flämischen Meisters. George Washington sitzt mit den Vertretern aller Weltreligionen beim letzten Abendmahl – Abraham, Mohammed, Buddha, Jesus, Krishna ... Und im Hintergrund wird man durch das Fenster die Freiheitsstatue sehen."

„Und wer hat ihn verraten?"

„Wer hat was?"

„Na, wenn Washington Jesus ist, muss ihn doch jemand verraten haben, sonst wäre es ja nicht sein letztes ..."

„Das ist doch nur eine Allegorie."

„Das ist Kitsch", brach es aus mir mit großem Ekel hervor.

„Oh, ich kenne Leute wie dich. Du denkst von dir, dass du der einzige bist, der die Welt verstanden hat, stimmt's? Und du weißt auch, was ein gutes Bild ist, obwohl du nie oder gerade weil du nie Kunst studiert hast, richtig?"

„Ich habe tatsächlich nichts in der Richtung studiert, aber ich bezweifle auch, dass das nötig ist, um zu erkennen, dass dein Bild hier nichts taugt."

„Und warum denkst du das?"

„Weil es die Geschichte verklärt."

„Sagt jemand mit einem Cowboyhut, einem Schnauzbart und einem deutschen Akzent."

„Ja, okay. Der Punkt geht an Sie. Aber haben Sie mal diesen Tramp gesehen, der im Zelt die Nummer mit den Köpfen macht?"

„Bob? Ja, klar. Jeder kennt Bob."

„Und was halten Sie von ihm?"

Er zuckte eher leidenschafts- als ratlos mit den Schultern. „Weiß nicht. Schon okay, denke ich. Auch wenn ich ein bisschen sauer bin, dass er sich seine Masche bei mir abgeschaut hat. Es kommt mir jedes Mal vor, als drehte er meiner Seele eine lange Nase."

„Bitte was?"

„Na, ist das nicht offensichtlich?"

„Äh – nein?"

„Das liegt vermutlich daran, dass er's nicht richtig kann", sagte der Maler und nickte, zufrieden mit seiner Sicht der Dinge. „Er ist ein ziemlicher Stümper, ehrlich gesagt."

„Sie meinen, als Geschichtsfälscher ist er ein Stümper?"

„Ja, genau. Ich meine, Anachronismen gehören bei uns zum Handwerk, und man mag uns Revisionisten nennen, einige von uns nennen sich sogar selbst so – aber die Epoche, die Bob mit seiner Kunst fälscht, hat es nie gegeben."

„Sie meinen, er ist kein Geschichts- oder Kunstfälscher, sondern gewissermaßen ein Zeitfälscher?"

190

„So etwas gibt es nicht."

„Ein ehrenwerter Schwindler?"

„Ich würde eher sagen: ein Scharlatan."

Ich hörte, wie die Band wieder „When The Saints Go Marching In" spielte, es war also glücklicherweise Zeit, zurück ins Zelt zu gehen. Der Mann, den der Maler einen Scharlatan nannte, würde bald mit seiner Nachmittagsvorstellung beginnen.

In Richmond verließ anscheinend niemand das Hippodrom, nachdem die Musiker ihre Blasinstrumente in ihre Koffer gepackt hatten – das Zelt war bis zum letzten Platz gefüllt, und ich konnte die Bühne kaum sehen. Eine junge Frau neben mir stand auf Zehenspitzen und wirkte ein wenig verzweifelt. „Da stehen wieder die ganzen alten Männer vorne, so ein Mist", schimpfte sie, ohne bestimmten Adressaten.

„Vorgestern in Paterson war zu Beginn der Show fast gar nichts los", sagte ich.

„Stimmt", sagte sie und strich sich eine dunkelblonde Strähne aus dem Gesicht. Sie war etwa Ende zwanzig, schlank, trug Jeans, ein Neil-Young-T-Shirt und wirkte mit ihren halblangen Haaren burschikos. „Reist du ihm auch nach?", fragte sie und rümpfte keck die Nase.

„So könnte man sagen, ja. Aber eher unfreiwillig."

„Wieso? Wie meinst du das – unfreiwillig?"

„Ich habe ihn in New York getroffen, wir haben uns ein bisschen unterhalten und, sagen wir: lose verabredet, unser Gespräch fortzusetzen. Deshalb folge ich ihm."

„Wow!" Sie schien beeindruckt. „Äh – du bist aber kein Stalker oder so?"

„Ich hoffe nicht."

„Ich glaube, ich möchte ihn nicht treffen."

„Wieso nicht?"

„Weiß nicht, irgendwie habe ich das Gefühl, ich würde mir etwas zerstören dadurch. Wie ist er denn so?"

„Es interessiert dich also doch."

„Ja, klar. Also einerseits ja, andererseits nein. Das klingt jetzt schizophren, aber ich bin keine von diesen Borderlinerinnen oder so, wenn du das denkst." Sie schien ein bisschen überdreht, die Worte sprudelten nur so aus ihr heraus, und sie kratzte sich dabei die ganze Zeit nervös an den Oberarmen. „Also, sag schon, sonst ritz ich mir vor deinen Augen die Arme auf." Beruhigend, dass sie lachte, als sie es sagte.

„Die ganze Wahrheit?"

„Ja, klar, die ganze Wahrheit."

„Also gut: Er ist genau so, wie man ihn sich vorstellt – nur noch ein bisschen sonderbarer, rätselhafter und, nun ja, flüchtiger."

„Ah, sehr gut. Genau das wollte ich hören. Danke!" Sie grinste. „Du weißt, wie man Illusionen bewahrt. Das ist gut. Und über was habt ihr gesprochen?"

„Über die Liebe, den Tod, die Wahrheit."

„Oh, nur die großen Themen, was? Du bist Deutscher, oder? So ein Dichter und Denker."

„Ich liebe es, auf ein kulturelles Stereotyp reduziert zu werden. Aber eigentlich sehe ich mich mehr als einen Mann des Liedes und des Tanzes."

„Haha, sehr gut. Wenn auch ein bisschen naheliegend, dieser Witz."

„Wie lange reist du ihm denn schon hinterher?"

„Weiß nicht, zwei Jahre."

„Und ich soll dir glauben, dass deine psychische Gesundheit nicht gefährdet ist?"

„Ich kann alles erklären", sagte sie und hielt mir beschwichtigend ihre Handflächen entgegen. „Ich schreibe nämlich mein PhD über – Achtung", sie verdrehte die Augen und raspelte ihr Thema herunter, als habe sie es auswendig gelernt, „Performative Dichtung – Transtextualität und Oralität im Werk Bob Dylans."

„Oh-ha. Du bist ja eine echte Dylanologin!" Wir lachten beide. „Und wie weit bist du schon gekommen mit deinen Forschungen in … äh … Transtexualität?"

„Um ehrlich zu sein, ich habe noch nicht mal damit angefangen."

„Nach zwei Jahren bist du immer noch bei der Recherche?"

„Viel schlimmer. Ich habe schon abgebrochen, bevor es richtig losging. weil ich ziemlich schnell aus der akademischen Welt in die Dylan-Welt abgedriftet bin. Und ich fürchte, ich habe mich total darin verloren. Ich komme mir vor, als hätte ich einen Dauerorgasmus und sollte einen Text über das limbische System schreiben, wenn du verstehst was ich meine."

„So ungefähr, ja."

„Es tut mir leid, aber ich muss mich jetzt nach vorne durchkämpfen. Du weißt schon: Frauen und Kinder zuerst. Vielleicht sehen wir uns ja nach der Show noch. Mach's gut."

„Du auch."

Schon war sie weg. Ich kannte nicht mal ihren Namen. Der weiß geschminkte schwarze Typ spielte einen zwölftaktigen Blues, natürlich die Grundlage unzähliger Songs – doch dieses Mal blieb er stumm, spielte nur immer wieder dieselben zwölf

193

Takte, beginnend mit dem E-Akkord. Es war, als wollte er seine Zuhörer hypnotisieren. Doch das klappte nicht bei allen. Nach geschätzten fünf Minuten wurden die ersten unruhig und drängten zum Ausgang. Der Gitarrist spielte unbarmherzig weiter, als wollte er zeigen, dass sich die Zeit nicht nur in Sekunden, Minuten und Stunden messen ließ, sondern eben auch in zwölf Takten. Ich hielt Ausschau nach einer Bierbude. Aber sowas gab es im Hippodrom anscheinend nicht, der Amerikaner hat ja Probleme mit dem öffentlichen Alkoholgenuss. Unter anderem.

Nach einer gefühlten Ewigkeit kam dann aber doch der Tisch auf die Bühne gefahren. Allerdings schob Bob ihn dieses Mal vor sich her. Dadurch blieb der komische Effekt, den er mit seiner Maskierung sonst erzielte, völlig aus, und er wirkte wie ein ganz normaler Bühnenarbeiter mit etwas zu weiter Hose und etwas zu großen Schuhen. Auch sein Spiel mit den Glocken reduzierte er aufs Nötigste und ließ jeden Kopf, ohne zu unterbrechen, seinen Text aufsagen – doch dieses Mal waren es keine Zeilen aus den jeweiligen Werken der Dichter, Filmen der Schauspieler und Songs der Sänger, sondern alte Blues-Wendungen.

Shakespeare sang: *„I woke up early in the morning."*

W. C. Fields sang: *„I rolled and I tumbled and I cried the whole night long."*

Ezra Pound sang: *„All the friends I ever had are gone."*

Billie Holiday sang: *„If it keep on rainin' the levee gonna break".*

Thomas Mann sang: *„I believe I'll dust my broom."*

Oscar Wilde sang: *„Got my mojo working, but it just won't work on you."*

Zelda Fitzgerald sang: *„I'm sittin' on top of the world."*
James Joyce sang: *„I wish I was in Dixie, Hooray! Hooray!"*
Es war unglaublich komisch, obwohl oder gerade weil ihre
Stimmen äußerst traurig klangen. Man vergaß die Maskie-
rungen, die Köpfe repräsentierten nicht länger irgendwelche
historischen Figuren, keine Dichter, Denker, Künstler, Wissenschaftler oder Philosophen – sie waren einfach ganz normale
Menschen mit ganz normalen Problemen, einem Körper und
einer Seele.

Kapitel 17

ABSCHMINKEN

Nach der Show saß Bob wieder vor seinem Zirkuswagen und schminkte sich ab. Es war geradezu schockierend, zu sehen, wie er etwas genauso tat wie beim letzten Mal, zwei Tage zuvor. Routine passte nicht zu diesem Mann. Seine Mastiffs lümmelten sich im Gras und gähnten. Ich musste ihn ansprechen, bevor er sich wieder auf sein Fahrrad setzte und Gott-weiß-wohin fuhr.

„Hallo! Klasse Show!", versuchte ich es jovial und zugegeben recht unoriginell.

„Hm?" Er schien wieder überrascht über mein Auftauchen. „Wer bist du?", fragte er.

„Du kennst mich doch. Ich bin's, Maik. Wir haben uns vor zwei Wochen oder so zum ersten Mal in New York getroffen, im *Bitter End*. Und dann später ..."

„Das weiß ich. Ich will nicht wissen, wer du in New York warst oder in Paterson oder in Berlin. Ich will wissen, wer du jetzt", er zeigte auf meinen Hut und meinen Schnauzer, „bist."

„Das ist nur – ich habe gedacht, damit ich besser reinpasse in die Truppe hier – dass ich mich ein bisschen verkleide. Hemingway hat mich Ringo genannt."

„Hemingway ist nur ein Name. Er hat nichts mit diesem Moment zu tun. Wer bist du?"

„Was würdest du denn sagen, wer du bist?"

„Das ist der Trick, nicht wahr? Die Antwort auf die Frage nach der eigenen Identität ist immer eine Gegenfrage." Er grinste.

„Aber deswegen bin ich eigentlich hier, weil ich wissen will, wer du bist", sagte ich.

„Tja, und die Antwort hast du dir gerade selbst gegeben."

„Du meinst, wer du bist, hängt davon ab, wer ich bin?"

„Ist doch logisch, oder? Alles, was die Leute über mich oder jemand anderen sagen, sagen sie letztlich über sich selbst. In meinem Fall gibt es ein ganzes Universum aus Gelehrten, Professoren und Dylanologen – und alles, was ich tue, hat in irgendeiner Form Auswirkungen auf sie. Ohne mich wüssten sie gar nicht weiter. In gewisser Weise habe ich ihnen das Leben geschenkt. Ich meine, sie durchwühlen meine Lieder wie Karnickel, aber das, worum es eigentlich geht, finden sie nicht. Oder hast du schon mal gesehen, dass meine Songzeile *‚something is happening but you don’t know what it is‘* über Bilder vom Krieg im Nahen Osten oder die AIDS-Epidemie oder Mengeles Knochen gespielt wurde?" Er redete sich in Rage. „Aber natürlich haben sie alle Freud, Dostojewski, den heiligen Michael, Konfuzius, Hänschen klein, Einstein, Melville, Miss Piggy, Kafka, Sartre, Peanuts und Tolstoi gelesen und selbstverständlich auch verstanden, denn, das ist ja klar, mein Werk macht einfach dort weiter, wo die jeweils aufgehört haben. Mehr ist es nicht. Kurz und bündig. Das Examen ist in zwei Wochen, jeder muss seinen eigenen Radiergummi mitbringen."

„Du sagst, du hast ihnen das Leben geschenkt, und sie sind darauf angewiesen, was du tust. Was passiert denn mit ihnen, wenn du stirbst?"

„Dann beschäftigen sie sich mit toter Materie wie irgendwelche Geologen oder Archäologen oder so. Sie buddeln sich ihr eigenes Grab."

„Verstehe. Aber vielleicht verhält es sich auch ganz anders. Vielleicht halten sie dich am Leben, wenn du nicht mehr hier bist. Du bist doch selbst ein Freund der Überlieferung. Du nimmst alte Songs und erfindest sie neu. Vielleicht machen diese Leute auf ihre Weise dasselbe mit dir und deiner Musik."

Er schüttelte den Kopf. „Ich folge den Liedern – ich sperre sie nicht ein in irgendwelchen Deutungen. Ich bringe sie zum Klingen. Diese Leute, von denen du da redest, bringen meine Lieder nicht zum Klingen – im Gegenteil: Sie berauben sie der Klänge, wenn sie sie auf dem Papier sezieren. Außerdem: Tradition kann man nur mündlich weitergeben. Wenn man sie aufschreibt, liegt sie tot auf dem Papier."

„Hast du denn gar nichts übrig für all diese Leute, die dich ja zu lieben scheinen?"

„Über die Liebe haben wir ja nun schon genug geredet, oder? Aber selbstverständlich schaue ich mir manchmal an, was sie schreiben. So wie man auf den Jahrmarkt geht und sich vor diese Spiegel stellt, die einen in die Länge ziehen oder in die Breite zerren. Das macht natürlich Spaß. So wie es Spaß macht, mit den ganzen irren Typen zu arbeiten, die ich auf dieser seltsamen Tour hier ständig treffe – die großen und die kleinen Geister, wie ich sie nenne. Da bin ich ein Verrückter unter vielen Verrückten. Und wir halten uns alle die ganze Zeit irgendwelche lustigen Spiegel vor."

„Ich habe mit einigen von ihnen gesprochen. Ein oder zwei haben dich als Dieb und Scharlatan bezeichnet, der ihnen ihre Ideen und in gewisser Weise auch ihre Seelen klaut."

Er sah mich eindringlich an, ja, ich hatte das Gefühl, seine strahlend blauen Augen würden meine Brust durchbohren und nach meiner Seele suchen. „Ja, ich bin ein Gedankendieb", sagte er, „aber, Gott behüte, doch kein Seelendieb. Ich habe einfach auf dem gebaut, was schon da war. Ich meine, der Sand hat am Strand schon viele Burgen auf dem errichtet, was sich weit vor meiner Zeit dort fand, wenn du verstehst, was ich meine."

„Nicht so ganz, fürchte ich."

„Na ein Wort, eine Melodie, eine Geschichte, eine Zeile, das sind Schlüssel im Wind, die meine Gedanken aufschließen. Ich höre die uralten Schritte wie das Rauschen des Meeres. Manchmal dreh ich mich um und da ist wer, und zuweilen bin es nur ich selbst. Ich balanciere, wie wir alle, auf dem dünnen Seil, das wir Wirklichkeit nennen."

„Seit wann bist du denn wieder in Richmond?"

„Seit gestern früh. Ich bin mit dem Nachtzug gekommen."

„Sie haben mir erzählt, du wärst mit dem Fahrrad weggefahren."

„Zum Bahnhof, ja. Dann habe ich es in den Wagon geladen."

„Und was hast du gestern gemacht?"

„Gestern schien schon frühmorgens die Sonne", sagte er, schaute in den Himmel und schwieg wieder, als sei das schon die ganze Antwort. Nach einer gefühlten Ewigkeit vergrub er sein Gesicht im Kellnerhandtuch, rubbelte es trocken und tauchte mit einem Seufzer wieder auf.

„Als ich aufstand", führte er seine Erzählung schließlich fort, „hatte ich das Gefühl, im falschen Körper aufgewacht zu sein. Das habe ich öfter. Dann denke ich, ich wäre Tiny Tim oder Fortinbras oder so. Vielleicht liegt das an den langen Zugfahrten. Als wir am Bahnhof ankamen, setzte ich mich gleich auf mein Rad und fuhr die Main Street entlang, dann über den Fluss aus der Stadt raus, schließlich, die Sonne im Rücken, eine alte, dreckige Straße entlang. Ich kam an eine Schlucht. Auf einem Stein direkt am Abhang schlief ein Typ, in dem ich mich sofort selbst erkannte. Als ich mich ihm näherte, wachte er erschrocken auf und fiel hinab. Ich fuhr weiter. Ein bisschen schneller als zuvor. Man kann ja nie wissen, was sie einem anhängen wollen. Irgendwann kam ich in einen kleinen Ort.

An der Hauptstraße waren alle Fensterläden geschlossen. Eine Frau, die aussah wie Rita Hayworth in ‚*The Lady from Shanghai*‘, kam mir entgegen und sah mich an, als würde ich etwas im Schilde führen. Ihr folgte ein kleiner Hund. Er lief auf mich zu und bellte mich an. Der Wirt in der Bar an der Kreuzung sah aus wie der Teufel und trug einen weißen Anzug und einen weißen Hut. Er sagte: ‚Wir haben geschlossen.‘ Und ich fragte ihn, ob ich trotzdem eine Tasse Kaffee haben könne, bevor ich gehe, und wir kamen ins Gespräch. Er wollte wissen, wohin ich ging. ‚Eigentlich fahre ich‘, sagte ich – ‚mit dem Rad.‘ Die Wahrheit über seine Stadt, erklärte er mir, könne man nur zu Fuß erfahren. Dann kam ein alter Landstreicher mit einem weißen Turban herein und bestellte ebenfalls einen Kaffee, und der Wirt stellte ihm einen hin. Ich rief: ‚Das ist meiner!‘ Und der Landstreicher sagte, er habe den schon vor Jahren bestellt und trank ihn hastig aus. Dann erzählte er mir eine Geschichte über einen Frosch und einen Skorpion und zeigte mir ein Gerät, mit dem man angeblich mit dem Wind kommunizieren konnte. Während er sprach, färbte sich sein Turban rot, und ich erkannte in ihm den Typen, den ich an der Schlucht getroffen hatte. Da wusste ich, es ist Zeit zu gehen. Ich rutschte vom Barhocker, ging auf die Straße und schob mein Fahrrad durch die halbe Stadt.

Schließlich fragte ich einen jungen Mann, ob mich die alte verlassene Straße, auf der ich mich befand, an mein Ziel bringen würde. Er schüttelte den Kopf und meinte, die sei zu tot zum Träumen. Und sein schwarzer Kumpel, der einen Leopardenfellhut über seinen roten Locken trug und aussah wie dieser Superheld The Great Unknown ... kennst du den?"

„Äh, nein, nie gehört."

Er schüttelte den Kopf und lachte. „The Great Unknown scheint wirklich vollkommen unbekannt zu sein. Na, jedenfalls meinte der, die Zeit würde dann schon zeigen, wer scheitern werde und zurückbleiben müsse, wenn jeder einfach seinen eigenen Weg gehe.

An einer Kreuzung, es war nicht dieselbe, an der sich die Bar befand – oder vielleicht doch? –, da standen jedenfalls ein paar Typen und ließen mich nicht weitergehen, und ich legte mein Rad in den Staub. Einer aus dieser Gang, die mich stoppte, er hieß Kingsley, glaube ich, hielt mir ein Messer an die Gurgel und fragte, ob ich meine Stimme noch bräuchte, und ich sagte: ‚Nicht die Kopfstimme.' Und er lachte. In dem Moment sprang ihm ein Mädchen auf den Rücken, und er fiel hinten über. Sie hieß Rebecca und hat mich gerettet. Sie fragte: ‚Wo willst du hin?' Und ich sagte: ‚Irgendwohin.' Und sie fragte: ‚Darf ich dich begleiten?' Und ich sagte: ‚Wenn du willst, gerne.' Sie fragte, ob ich Lust hätte, in einen Club zu gehen, oder ob ich einer dieser harten Männer sei, die nicht tanzten. ‚Keineswegs', sagte ich, und bot ihr an, sich auf meine Fahrradstange zu setzen.

Sie trug ein Neil-Young-T-Shirt, und ich fragte sie, ob sie schon mal in Winnipeg gewesen sei. Sie sagte, sie habe dort einen Freund gehabt mit einem Hund, der Toby hieß, und einem

Pferd, das im letzten Winter bis zum Hals im Schnee stecken geblieben und erfroren sei. Ihr Vater war ein Maler aus dem 16. Jahrhundert und ihre Mutter eine Indianerin.

Wir gingen in den Park und blieben dort, bis der Abend dämmerte. Sie erzählte von ihrem Onkel, einem blinden Kapitän, der im Traum von seinen ertrunkenen Kameraden heimgesucht wurde, die ihn baten, ihnen einen Drink auszugeben und eine Hure zu bezahlen. Dann gab sie mir ein Buch mit Gedichten, und ich las die ersten Zeilen – jedes Wort kam mir wahrhaftig vor, und glühte wie brennende Kohlen. Es war, als läse ich in meiner eigenen Seele. Ich fragte sie, wer das geschrieben habe, und sie sagte: ‚Ein Italiener, vor achthundert Jahren.' Ich fragte, ob sie ihn persönlich kenne und ihn mir vorstellen könne. Sie sagte: ‚Das ist unmöglich, er existiert nur noch in den Klängen der Wörter.'

Sowas hatte ich noch nie gehört. Ich sah sie an, und es war, als sei ein Funke übergesprungen und mir durch Mark und Bein gegangen. Da fühlte ich mich zum ersten Mal an diesem Tag einsam. Irgendwo in der Ferne spielte ein Saxofon, wir gingen durch einen Säulengang, und als ich erwachte, drang Licht durch die verbogenen Jalousien. Sie war fort, ich öffnete das Fenster und sah von oben, wie sie eine Münze in die Tasse eines blinden Mannes am Tor warf. Dann verschwand sie. Ich fragte den Blinden, ob er wisse, wo sie hingegangen sei. Er nahm die Münze aus seiner Tasse, gab sie mir und schüttelte den Kopf."

„Das ist eine traurige Geschichte", sagte ich.

Er zuckte mit den Schultern. „Kann schon sein."

„Und ich glaube, ich kenne das Mädchen."

„Sie hieß aber nicht wirklich Rebecca."

„Auch die anderen Typen kommen mir bekannt vor. Ich weiß nicht, ob ich sie wirklich kenne, oder nur von ihnen geträumt habe."

„Das spielt keine Rolle."

„Weißt du noch, wie dieses kleine Städtchen hieß?"

„Powhatan. Nach einem Indianerhäuptling. Aber der hatte viele Namen."

„Ich habe das Gefühl, das ist eigentlich meine Geschichte."

„Du kannst sie gerne haben. Ich brauche sie nicht mehr. Das war nur eine kleine Laune des Schicksals. Aber sei vorsichtig, Kingsley und die anderen werden dich verfolgen."

„Wegen des Mädchens?"

„Ja", sagte er und stutzte. „Vielleicht solltest du besser die Stadt verlassen, bevor es gefährlich wird."

Er stand auf und ging zu seinem Wagen. Seine Hunde folgten ihm. Und erst jetzt fiel mir auf, dass sie nicht nur einander bis aufs letzte Haar glichen, sondern in der Art, in der sie sich bewegten, wie sie liefen, ihre Köpfe wiegten, gähnten, sich kratzten und schnäuzten, auch eine unglaubliche Ähnlichkeit mit ihrem Herrchen hatten. Ich stand auf und sah im Spiegel auf dem Tisch Bobs Gesicht, obwohl der längst auf der Trittleiter stand, die Hand an der Klinke.

Er drehte sich noch einmal um. „Du erinnerst mich an irgendwen. Ich komm aber gerade nicht drauf. Aus irgendeinem Film, glaube ich", sagte er und grinste. „Wir sehen uns."

Ich fragte ihn nicht mehr, wo das sein würde.

Kapitel 18

ALLERSEELEN

Es war eine fantastische Welt, in die ich da hineingeraten war. Wie ein von Kafka ersonnenes Filmset – egal wie oft und mit welchen Mitteln man es versuchte, es war nicht möglich, hinter die Kulissen zu schauen. Auch ein geheimnisvolles Land fiel mir ein, von dem ich erstmals in einem überaus eigentümlichen Bericht einer Wanderung entlang der Küste der englischen Grafschaft Suffolk gelesen hatte, die der Autor eine „Wallfahrt" nannte. Doch diese Pilgerwanderung war, ähnlich wie Dylans Alben *„Time Ouf Of Mind"* oder *„Tempest",* zugleich eine Geschichte des Verfalls und ein Streifzug durch eine unheimliche, postapokalyptische Landschaft gewesen. Seltsamerweise war dort vom Kaiser von China ebenso die Rede wie von einem polnischen Kapitän, der im Kongo das Herz der Finsternis fand, das ihm später Weltruhm einbrachte. Und eben von jenem Land, von dem es in einem Text, den der Wanderer zitierte, hieß, es existiere nur in einer einzigen Ausgabe einer fragwürdigen Enzyklopädie. Dieser lexikalische Fund sei eine erste Spur gewesen, so der Wanderer weiter, die den Erzähler schließlich zu einem weit größeren Enzyklopädistenprojekt führte: einer Weltverschwörung, nein, einer Verschwörung gegen die bestehende Welt, ja, dem Entwurf eines neuen Planeten, der langsam die alte, bekannte Erde überschreiben sollte.

Ein paar Jahre vor meiner Amerikareise hatte ich, daran erinnerte ich mich jetzt, ein Interview geführt, das mich in eine sehr andere und doch auch ähnliche Parallelwelt geführt hatte. Damals war ich Michael Nesmith auf der Spur, der in den Sechzigern in der Fernsehserie „The Monkees" mit grüner Pudelmütze den Gitarristen der geklonten Band gleichen Namens spielte. In einem anarchischen Akt emanzipierten sich die Darsteller nach der ersten Staffel von ihren Filmcharakteren und aus „The Monkees" wurden The Monkees, eine echte Band mit teilweise selbstverfassten Songs – und Nesmith war ihr musikalisches Genie (in den Sechzigern gab es keine Band, die keines hatte).

Irgendwann emanzipierte er sich auch von den Monkees und wurde ein eigenständiger Künstler, machte Country-Rock und Konzeptalben, erfand das Videoclip-TV-Format, aus dem später MTV wurde, schrieb im noch jungen Internet einen Roman und bot dort als einer der ersten Künstler seine Musik zum Download an. Außerdem erfand er „Videoranch", eine virtuelle Welt, in der man als Pixelfigur spazieren gehen, mit den anderen Usern chatten und sich virtuelle Konzerte anschauen konnte. Dort sollte ich, so hatten wir per Mail vereinbart, ihn, den Medienpionier, treffen.

Der Himmel war himmelblau, die Wiesen waren grasgrün, Grillen zirpten, die Vögel zwitscherten, Flamingos standen am Ufer eines Sees, tropische Lagerfeuer loderten, und auf der Weide muhten seltsame Wesen, die aussahen wie eine Mischung aus Kuh und Fernsehgerät. Bei einem Konzert in Ed's Café traf ich schließlich eine junge Dame, die eine entfernte Ähnlichkeit mit dem Computerspiel-Pin-Up Lara Croft aufwies. Sie nannte sich Foreman, im echten Leben hieß sie allerdings, wie sie mir verriet, Victoria Kennedy und war Nesmiths Ehefrau. Ihr Mann ließe sich entschuldigen, sagte sie, er habe sich letztendlich dagegen entschieden, in dieser Welt in Erscheinung zu treten. Ich könnte ihn aber weiter per Mail erreichen und ihm meine Fragen stellen.

Vermutlich hatte er keine Lust, nach all den Jahren, in denen er sich frei gemacht hatte von seinem Image als Monkee Mike, wieder als eine medial erzeugte Figur in Erscheinung zu treten. Er hatte sich aus dieser Welt herausgestrichen. Vielleicht kein Zufall, dass seine Mutter die Erfinderin des *Tipp-Ex* gewesen ist.

Bob Dylan musste sich nicht emanzipieren, denn er war von Anfang an selbstbestimmt. Wenn überhaupt, dann war die Selbsterschaffung mittels Songs, Gedichten, Interviews und Filmen seine Emanzipation von der Wirklichkeit und seinen „realen" Wurzeln. Deshalb war es mir letztendlich wohl auch gelungen, ihn in dieser mir unwirklich erscheinenden Welt zu finden und mit ihm zu sprechen. Schade nur, dass der einzige Rat, den er mir nach all den Gesprächen gegeben hatte, der gewesen war, die Stadt zu verlassen, bevor es gefährlich wurde.

So überwog nach unserem letzten Treffen die Enttäuschung. Ich verließ den eh verhassten Jahrmarkt quasi fluchtartig, und ließ mich von einem Taxi zum Bahnhof von Richmond fahren.

Rebecca habe ich nicht mehr gesehen – ich habe allerdings auch nicht nach ihr gesucht. Vielleicht aus Angst, auf Kingsley zu treffen. Seltsamerweise stellte ich mir nicht einen Moment lang die Frage, wieso der nun – falls er es überhaupt tat – mich verfolgte und nicht Bob. Es schien mir alles vollkommen logisch.

Im Zug sitzend fragte ich mich, wie David Daltons Suche nach dem „real Bob Dylan" wohl ausgegangen war, doch ich konnte sein Buch in meinem Rucksack nicht mehr finden. Ich musste es irgendwo vergessen haben. Der Gedanke, Norman Mailer könnte es gefunden haben, ließ mich meinen Verlust mit einem Lächeln verschmerzen.

Die Frage, was ich mir eigentlich genau erhofft hatte von dieser Reise, konnte ich mir auf meiner Rückfahrt nach New York nicht beantworten. Eine Lebensphilosophie wohl kaum. Dylans Lieder entzogen sich, das wusste ich ja, jeder konkreten Deutung, deswegen waren die Verschwörungstheorien meiner Reisebekanntschaft vom Hinflug ja so absurd.

In den USA gibt es Armbänder mit den aufgestickten Buchstaben „W. W. J. D.", das ist die Abkürzung für „What would Jesus do?" – der Träger signalisiert seinen Vorsatz, alles, was er denkt und tut, mit der christlichen Ethik abzugleichen. Die amerikanische Rechte nahm diesen Slogan Anfang des 21. Jahrhunderts auf und startete eine Kampagne mit dem Titel „What would Reagan do?" Und der australische Sänger Ben Lee schrieb einen Song mit dem Titel „What Would Jay-Z Do?" Aber auf die Frage, was dieser mythische Dylan, den ich immerhin tatsächlich gefunden hatte, tun würde, gab es auch nach unseren vielen Gesprächen keine klare Antwort. Das Unerwartete, könnte man vielleicht sagen – aber manchmal ist das Unerwartete auch das Erwartbare und anders herum. Es gab keine Dylan'sche Ethik, kein politisches Programm, keine nachvollziehbare Haltung. Er hielt einem immer wieder den Spiegel vor, wenn man versuchte, ihn zu deuten, und so wurde man schließlich in seinen Bemühungen immer auf sich selbst zurückgeworfen. Genau das war mir bei unseren Treffen ein ums andere Mal passiert.

Ich musste also ohne fremde Hilfe klären, welchen Sinn meine Reise, meine Begegnungen und meine Gespräche gehabt hatten und beschloss zurückzufliegen, auf Distanz zu meinem Gegenstand zu gehen. Nicht mal bei Pat meldete ich mich, dessen Beobachtungen, Ideen und irrer Name mich ja überhaupt erst auf die richtige Fährte gebracht hatten. Er hatte mehrere Nachrichten auf meiner Mailbox hinterlassen, weil er sich natürlich fragte, warum ich so plötzlich verschwunden war. Vielleicht hatte Erik Frandsen ihm schließlich erklärt, wohin ich aufgebrochen war.

Als ich aus dem Flugzeugfenster auf den Atlantik schaute, fiel mir ein, dass ich mal gelesen hatte, das Wort „Dylan" habe seinen Ursprung im Urkeltischen, wo es „die wiederkehrende Flut" bedeute. Das war ein gutes Bild: ein tiefer, geheimnisvoller Ozean, der ständig in Bewegung war, launisch und unberechenbar. Und so wie es hilft, in die Brandung zu schauen, um zu sich selbst zu kommen, kann man sich auch in den Zeilen von Dylans Liedern wiederfinden, die sich am Trommelfell und in unseren Hirnwindungen brechen.

Im Flugzeug, wohl schon etwas benebelt vom Rotwein und der Müdigkeit, war ich ganz zufrieden mit dieser Spontandeutung und schrieb sie in mein Notizbuch, bevor ich die Blende vors Fenster schob und es mir, so gut es ging, in meinem

Holzklassesitz bequem machte. Doch als ich sie, zurück im Alltag, in der Redaktion noch einmal las, kam sie mir ein wenig zu
esoterisch vor – und zudem ziemlich lahm.

Mein Kollege Ralf, der gerade aus Los Angeles zurückgekehrt
war, berichtete begeistert von seinem Treffen mit einer todes-
sehnsüchtigen Sängerin, die alle Welt mysteriös und glamourös
fand, weil niemand wusste, ob sie sich ihre Lippen aufgespritzt
hatte oder nicht. Sie sei „das neue New York" sagte er – eine
Floskel, die er in der Regel mit der ihm eigenen, vor den immer
schneller durchdrehenden Hype-Mechanismen der moribunden
Musikindustrie schützenden Ironie verwendete. Aber ich hatte
das Gefühl, dieses Mal meinte er es tatsächlich ernst und seine
Dienstfahrt an die Westküste war für ihn tatsächlich eine Reise
zum Mittelpunkt der Welt gewesen – zum „neuen New York"
halt.

Auf meinem Schreibtisch standen zwei gelbe Postkisten
mit neuen Platten und Büchern, in meinem Mail-Eingang lagen
2873 unbeantwortete Nachrichten, in denen sich vermutlich
etwa an die 250 Links zu neuer Musik verbargen. Vielleicht war
ein Song darunter, von dem irgendwer irgendwann mal behaupten würde, er hätte sein Leben verändert. Vielleicht auch
nicht. Ich erwischte mich dabei, wie ich mich durch einige der
Dateien durchhörte – durstig nach neuer Musik, wie ich zunächst dachte, doch tatsächlich war es nur eine Ausrede, um
mich nicht mit meinen Aufzeichnungen der letzten Wochen
auf Papier und Diktiergerät beschäftigen zu müssen. Nichts ist
schlimmer, als die eigene Stimme zu hören, wenn sie vor Nervosität zittert und dumme Fragen stellt, außer: die eigene Stimme
nicht zu hören, weil sie an entscheidender Stelle schweigt.

Ein Kollege vom *Metal Hammer*, die Redaktion befindet sich auf dem gleichen Flur wie die des *Rolling Stone*, stand in der Tür, und zwei Augenpaare schauten mich an – seine und die der Fratze auf seinem T-Shirt. Ich nahm die Kopfhörer ab.

„Du bist der letzte", sagte er, „denk dran, die Alarmanlage anzustellen, wenn du gehst."

„Okay", sagte ich, „dir noch einen satanischen Abend."

Nun war alles still, niemand würde mich beobachten, mir über die Schulter schauen oder mich gar fragen, was ich gerade machte. Ich schaltete das Diktiergerät ein, das ich bei den meisten meiner Treffen mit Bob unauffällig unter dem Tisch oder in der Hosentasche hatte laufen lassen (einige unserer Gespräche hatte ich auch im Nachhinein aus dem Gedächtnis protokolliert), hörte ein Klackern, ein Lachen, vermutlich von Pat, ein dumpf pochendes Geräusch, wie wenn jemand ein Glas auf einen Holztisch stellt, Erik, der besonders deutlich sprach, Bobs tiefe, raue Stimme und schließlich mich – aufgeregt, stotternd, radebrechend: „A-A-Aim sörtsching for Kättfisch."

Einige qualvolle Stunden später sah ich den Mann, dem ich in New York, in Paterson und in Richmond begegnet war, schon sehr viel klarer. Natürlich, er war mir mehrmals entwischt und meinen Fragen ausgewichen, hatte wirres und verstörendes Zeug über die Frisuren von Präsidenten und ihren Attentätern erzählt, über das Studieren und Aufwirbeln von Staub, die Apokalypse, irgendwelche vermutlich nie gedrehten Filme und ein Abenteuer mit einem Mädchen, dessen Vater angeblich ein Maler aus einem lang vergangenen Jahrhundert war – aber er hatte, wie mir nun schien, auch recht konkrete, nachvollziehbare Dinge über Herkunft und Tod gesagt, über Geschichte und Gott, Gut und Böse, Zeit und Raum; und als er von der Flüchtigkeit der Liebe sprach, war er vor meinen Augen, und nun vor meinen Ohren, älter geworden und wieder jünger, hatte als Jüngling mit gebrochenem Herzen gesprochen, als alter Mann, der alles gesehen und erlebt hatte, von der Unschuld bis zum Sündenfall, als Erlöster, der das Hohelied der Liebe sang und als Verlassener, der vom Weg abgekommen war. Und hinter allem, was er sagte, sang und tat, stand die Frage, was es – völlig unabhängig von Zeit und Ort – bedeutet, ein Mensch zu sein, ein träumender, neugieriger, suchender, mysteriöser und sich selbst ergründen wollender Bewohner dieser Welt, der sein Leben lang die persönliche Apokalypse, den eigenen Tod, vor Augen hat.

Bob Dylan hat das Leben mit all seinen Krisen und Katastrophen, Momenten des Glücks und der Wahrheit wie ein Schauspieler der *Commedia dell'Arte* in der einen großen Rolle seines Lebens durchgespielt und so zur Kunst erhoben. Die Botschaft ist einfach: Ja, klar, das Leben ändert sich, und das ist vollkommen okay, solange der Mensch ein Mensch bleibt.

Und die Antwort auf seine große Frage nach dem, was den Menschen ausmacht, findet Dylan vor allem in alten Liedern, die von Mysterien und Mythen, Fantasien und dem Unbewussten handeln. Diesen Schatz zu bergen, mit neuem Leben zu füllen und so in die Gegenwart zu tragen, fordert unser rationales, jeder Magie beraubtes Bild der Wirklichkeit heraus, und dass er sich selbst jenseits aller Regeln der Aufklärung als wandelndes Geheimnis erschuf, verstärkt die Wirkung, die er damit hinterlässt, zusätzlich.

Vielleicht sollten wir alle wieder ein bisschen geheimnisvoller werden, dachte ich, so wie das unheimliche Haus auf dem Hügel, aus dem niemand je lebend zurückkam, oder die Wälder, durch die wir als Kinder streiften, in denen wir uns verstecken konnten, um Dinge zu tun, von denen niemand je etwas erfuhr. Vielleicht sollten wir uns nicht auf die Rolle der von programmierten Algorithmen ausspionierbaren Konsumenten reduzieren lassen und im wahrsten Sinne des Wortes unberechenbar werden. Vielleicht sollten wir den nur von uns hörbaren Stimmen in unseren Köpfen folgen. Vielleicht können wir tatsächlich die Welt verändern, indem wir uns verändern.

Hm, das klingt jetzt ein bisschen zu romantisch und naiv. Oder hindert mich nur die antrainierte Delete-Funktion der Rationalität daran weiterzudenken, weil sie alles löschen will, was unmöglich erscheint, um uns von unserer Sehnsucht, nach dem Irrationalen und Unerklärbaren zu streben, abzulenken? So könnte es sein. Und Bob Dylan, dessen Schlüssel zu seinem unergründlichen Inneren auch bei uns zu passen scheint, weiß das schon lange, und er singt davon – so wie einst Geeshie Wiley.

Sehr wahrscheinlich existiert dieser Bob Dylan, entgegen meiner sonstigen Behauptungen in diesem Buch, tatsächlich nur in den Klängen seiner Wörter, aber an diesem Abend in der Redaktion war er vollkommen real. Ich war ziemlich aufgedreht, wie man es eben manchmal bei erfüllender Arbeit ist, weil sich plötzlich ein Weg durch das Labyrinth des eigenen Kopfes zeigt – alles auf einmal einen Sinn ergibt und man sich für eine kurze Zeit nicht mehr vorstellen kann, dass es etwas gibt, was außerhalb dieses Sinnes liegt.

Ich erlebte einen durch körpereigene Mittelchen ausgelösten Rausch, der mich, so wusste ich, für die folgenden Stunden wach halten würde. Es war kurz nach eins. Ich ruckelte unruhig auf meinem Drehstuhl hin und her, meine Beine wippten, ich musste raus, irgendjemandem von meinen Entdeckungen erzählen. Wem, war eigentlich egal.

Kapitel 19

IHMCHEN

Ein Vorzug der Großstadt liegt sicher darin, dass man immer irgendwo ein Bier bekommt und es in der Regel nicht alleine trinken muss. Doch das allerschönste am Leben in einer Metropole sind die nächtlichen Spaziergänge durch menschenleere Industrie- und Geschäftsgegenden, vorbei an schlafenden Wohnblocks, in deren dunklen Fenstern nur vereinzelt der Fernseher eines Schlaflosen oder auf dem Sofa Eingedämmerten flackert. Die Stadt liegt da wie ein schlummerndes Ungeheuer und man läuft vorsichtig, wie auf Zehenspitzen, um es nicht zu wecken.

In der Ferne blinkte der Fernsehturm, den Menschen aus der ganzen Welt vor Augen haben, wenn sie den Namen „Berlin" hören, hinter der Friedhofsmauer ruhte E. T. A. Hoffmann, ein paar Meter die Straße runter war in den Zwanzigern das *Cosy Corner*, in dem der Brite Christopher Isherwood die „zum Sex-Akt führenden leicht sadistischen Kampf-Spiele der deutschen Knaben" genoss. Ich überquerte den Landwehrkanal, dem Alain Robbe-Grillet einst einen toten Arm hinzudichtete, um darin, wenn ich mich richtig erinnerte, eine Leiche zu versenken. Weiter ging es durch literarisch noch nicht erschlossenes Gebiet, an der bis zum Morgengrauen unbefahrenen U-Bahn-Trasse entlang, bis die ersten Junkies vom Kottbusser Tor mir auf dünnen Beinen entgegentorkelten, Taxis hupten, Betrunkene grölten, die Stadt wieder lebendig und gefährlich wurde, als hätte sie

214

tatsächlich plötzlich jemand aufgeweckt und sie käme einem, noch schlaftrunken, mit einem Bein im Traum, knurrend entgegen. Ich flüchtete in einen Hauseingang, der nach Pisse stank, stieg das stechend riechende Treppenhaus hinauf zum *Ihmchen* in der ersten Etage. Musik kam mir entgegen.

Drei alte Männer spielten Barjazz mit Klavier, Bass und Besenschlagzeug, ein paar Gestalten saßen an der Theke. Niemand Bekanntes darunter. Ich setzte mich trotzdem zu ihnen und bestellte ein Bier. Torsten, der Wirt, nickte.

„Ganz schön spät für deine Verhältnisse", sagte er und stellte mir das gefüllte Glas hin.

„Wenn ihr hier zu später Stunde diese Fickmusik spielt, gibt es auch keinen Grund, sich in diese Drecksgegend zu verirren", sagte ich.

„Wart's ab. Die sind gut", meinte Torsten.

„Spielen die etwa gleich noch ,Es gibt kein Bier auf Hawaii'?"

„Hast du den Herrn Kritiker noch nicht in den wohlverdienten Feierabend geschickt?"

„Hast ja Recht. Machste noch eins? Vielleicht kann ich mir die drei Trauerklöße ja noch schöntrinken."

„An mir soll's nicht liegen."

Es war wirklich zu öde, was das greise Trio da spielte. Jazz mochte man das gar nicht nennen, eher – so wie einst Wim Thoelke – eingedeutscht: Jatz. Normalerweise gab es im *Ihmchen* Bands zu sehen, die vor langer Zeit von Kritikern, und in der Regel ausschließlich von denen, heiß und innig geliebt worden waren oder ab und zu mal einen lang vergessenen Folkie, der nur noch eine zweistellige Kultgemeinde anlockte. Immer wenn in der Redaktion jemand nach dem Verbleib eines obskuren

Musikers fragte, kam von irgendwem die Antwort „Der spielt morgen Abend im *Ihmchen*." Manchmal stimmte es sogar.

Ein Typ in einem langen schwarzen Ledermantel, der sich von der Theke erhoben hatte, schien sich das traurige Schauspiel auf der Bühne nicht mehr länger mit anschauen zu wollen. Vielleicht von der Geschmacks-SS, dachte ich. Es sah so aus, als wollte er ein Kabel aus einem Verstärker ziehen, was aber sinnlos schien, denn die Musiker spielten unverstärkt. Der Mann schien Probleme mit dem Gleichgewicht zu haben. Vermutlich war er schon einige Stunden hier. Er hustete und versuchte – immer noch auf der Bühne kniend – seinen Mantel zu öffnen. Er zog einen länglichen Gegenstand aus der Innentasche. Ein Mikrofon, das er auf ein wohl hinter dem Verstärker hervorgezogenes Kabel stecken wollte. Als es gelang, fiepte ein sehr unangenehmes Feedback durch den Raum und die gesamte Thekenkundschaft drehte sich – vermutlich zum ersten Mal überhaupt an diesem Abend – zur Bühne um.

Der Mann stand wieder. Sein offener Mantel gab den Blick frei auf einen hageren Körper, auf den jemand einen fleckigen, gelblichen Anzug gehängt hatte. Der Mann setzte sich einen weißen Hut auf die fettigen grauen Haare, von dem ich nicht wusste, wo er ihn plötzlich hergezaubert hatte, räusperte sich lautstark, so als wollte er seine Lunge ausspucken wie einen alten Kaugummi.

„Musik, Mann – das ist das einzig Wahre", raunte er schließlich ins Mikrofon. „Denn sonst haben wir nichts", fuhr er fort und schüttelte dabei heftig mit dem Kopf, rief laut: „Nichts!" Beruhigte sich, flüsterte: „Die Nacht geht nun rasch vorüber und nachdem sie ihren letzten Tanz getanzt hat, zieht sie sich aus, bis sie nichts mehr trägt als die nackte Morgenröte." Er hielt inne, wippte mit dem linken Fuß im Takt und fistelte schließlich mit kindlichem Staunen in der Stimme und immer größer werdenden Augen: „Stolz steht sie da, lächelt, lächelt, dreht sich, dreht sich, sacht und sanft." Er wiegte sich in den Knien, drehte eine Pirouette. „Unzählige Male habe ich sie sich anschleichen sehen", murmelte er. „Und so hielt sie mich wach mit tausend schläfrigen Gedanken. Ungezähmt versuchen sie mir zu entkommen." Sein Kopf sank ihm auf die Brust, als würde er langsam einschlafen, und er drehte wild den Kopf wie einer, der einen Alptraum hat, doch da setzte der Trommler mit den Stilen seiner Besen einen mächtigen Schlag.

Alle schauten jetzt auf den alten betrunkenen Mann mit dem abgeranzten Anzug und dem wie Lederlumpen an ihm hängenden Mantel. Sie lauschten seiner Stimme, die den bezeichneten Dingen eine neue, bisher unbekannte Seite abzugewinnen schien und jede Handlung wie eine Steigerungsform von „sein" erscheinen ließ. (Entschuldigen Sie das Pathos, aber so habe ich es mir seinerzeit notiert, und ich habe heute nur noch eine sehr lückenhafte Erinnerung an den Abend.)

Doch irgendwann vergaßen alle die Klänge der Wörter und hörten nur noch die Geschichte, weil er, der Erzähler, ganz dahinter verschwand. Er sprach oder sang – so genau weiß ich es nicht zu benennen – von einem Mann, einem Musiker auf dem Höhepunkt seiner Karriere, der eine ungeheuerliche Entdeckung macht und daraufhin aus seiner noblen Hotelsuite flieht. Als seine Frau bemerkt, dass er fort ist, stürzt sie sich aus dem Fenster. Er lässt daraufhin den Ruhm hinter sich und tingelt durch dunkle Kaschemmen und Bars, verliebt sich in eine

Kellnerin, legt sich mit ein paar Gangstern an, tötet einen von ihnen, flieht mit seiner Geliebten in ein kleines Küstendorf und heiratet sie. Doch seine Verfolger stellen ihn nach der Hochzeit in einem Fischrestaurant, er kann entkommen, doch seine frisch vermählte Frau stirbt. Der Musiker, so erzählen sich die Menschen, die ihn einst kannten, spielt seitdem nur noch in verkommenen Bars und Tanzhallen am Rand der Stadt und betört die jungen Mädchen, denen er die Seelen aus dem Körper schlürft, wie feine Leute das Fleisch aus der Auster.

Ich könnte nicht sagen, wie lang der Vortrag des Mannes gedauert hat. Vielleicht waren es nur wenige Minuten, vielleicht Stunden. Ich traute mich danach nicht, auf die Uhr zu sehen, weil ich fürchtete, aus dem entrückten Zustand wieder in die profane Gegenwart katapultiert zu werden.

Der Sänger setzte sich jedenfalls, nachdem er seine Geschichte zu Ende erzählt hatte, wieder an die Theke, und die Band, die bis auf den einen Schlag des Trommlers völlig unbeeindruckt von seinem Treiben geblieben und wie ein Schweizer Uhrwerk nicht einen Millimeter von ihrem Programm abgewichen war, spielte stoisch weiter. Dieses Trio war also tatsächlich das komplette Gegenteil der Jazzband, für die ich es anfänglich noch gehalten hatte. Torsten grinste mich an.

„Hab ich zu viel versprochen?", fragte er, die Antwort schon kennend.

Ich schüttelte nur benommen den Kopf.

Als ich ein paar Minuten später zur Sprache zurückgefunden hatte, fragte ich ihn, wo er diese Band gefunden hatte.

„Im Garten. Unter einem Stein", sagte Torsten immer noch grinsend.

„Sehr komisch."

„Ja, ich weiß, ich bin ein begnadeter Komiker."

„Dann erzähl mir doch noch einen Witz."

„Witz?"

Ich erschrak. Ohne es zu merken, hatte sich der Mann im langen schwarzen Mantel neben mich gesetzt. Ich schaute in sein fahles, hageres Gesicht. Es war eines, bei dem man gleich auf die Augenringe schaute, statt in die Augen. Sie erschienen wie eine große graue Fläche, durch die sich seine spitze markante Nase gebohrt hatte. Darunter spross ein bleistiftdünner grauer Schnurrbart, der mir bei seinem Auftritt gar nicht aufgefallen war.

„Äh, ja, guten Abend. Freut mich. Ich bin Maik", stellte ich mich vor und gab ihm die Hand. Seine war groß, kalt und knochig.

„Ich bin Walter", sagte er und lächelte – wenn man das so nennen konnte. Er entblößte zwei lange, spitze, dunkelgelbe Schneidezähne, die ihm etwas Nagetierhaftes verliehen.

„Das war eine großartige – also, das war wunderbar gerade", stammelte ich etwas irritiert von dem Anblick.

„Was ist mit dem Witz?", fragte Walter, mein Lob ignorierend und ein bisschen ungeduldig.

„Also, mein Freund Torsten wollte einen Witz erzählen. Er ist nämlich Komiker."

„Ach, wirklich?"

„Nein, nein", wehrte Torsten ab. „Er macht nur Spaß."

„Schade", sagte Walter. „Aber ich kenne einen Witz. Einen sehr guten sogar. Wollt ihr ihn hören?"

„Na klar", riefen wir unisono und ein bisschen zu laut.

„Okay. Seid ihr bereit?"

Wir nickten.

„Also, ein Mann geht zum Arzt und sagt: ‚Ich bin deprimiert und fühle mich total einsam und verlassen. Niemand liebt mich, niemand achtet mich, die Welt ist schlecht, ich will nicht mehr weiterleben.‘ Und der Arzt sagt: ‚Da kann ich ihnen helfen. Es ist ganz einfach. Heute Abend sind *Walter C. Wolf And The No-Hitters* in der Stadt. Schauen Sie sich die mal an, das wird Sie aufmuntern.‘ ‚Sie verstehen nicht‘, sagt daraufhin der Mann. ‚Ich *bin* Walter C. Wolf‘."

Er lachte kehlig auf, als hätte er diesen Witz selbst zum ersten Mal gehört, obwohl er ihn bestimmt in jeder Stadt erzählt hatte, in der er in seiner vermutlich schon sehr langen Karriere (wenn das das richtige Wort dafür ist) gespielt hatte.

„Der war gut", sagte ich mit hoffentlich nicht allzu viel Mitleid in der Stimme. „Eins kann ich dir jedenfalls sagen: Mich hast du aufgemuntert heute Abend – nicht nur mit dem Witz. Schon davor."

„Danke, freut mich", sagte er und schaute scheu weg.

„Wie lange macht ihr das schon?"

„Seit der Zeit, in der Mister Gorsky seinen ersten Blow-Job bekam. Ich hoffe jedenfalls, dass er ihn bekommen hat."

„Bitte was?"

„Na, seit 1969, dem Jahr der Mondlandung halt. Fast fünfzig Jahre also."

„Und was hat die Mondlandung mit Mister Gorskys Blow-Job zu tun?"

„Das weißt du nicht?" Er schaut mich entgeistert hat. „Du auch nicht?", fragte er Torsten, der auch nur ob seines Nichtwissens beschämt den Kopf neigen und zaghaft schütteln konnte. Walter seufzte. „Also gut", sagte er und holte demonstrativ tief Luft oder sog vielleicht auch einfach den Hauch der Geschichte ein. „Als Neil Armstrong ein kleiner Junge war", hob er an, „spielte er mit seinem jüngeren Bruder Dean im Hinterhof Baseball – keine Ahnung, wo das war, die sind ja an die zwanzigmal umgezogen, als er klein war. Jedenfalls – irgendwann flog der Ball vor das Schlafzimmerfenster der Nachbarn, der Familie Gorsky. Neil lief hin, um ihn zu holen und hörte Frau Gorsky durch das offene Fenster zetern: ,Oralsex? Du willst Oralsex? Du kriegst Oralsex, wenn das Kind von nebenan auf dem Mond spazieren geht.'" Dieses Mal lachte Walter nicht – wir dafür umso lauter. Der Mann schien ein Füllhorn an Anekdoten und Witzen zu sein. „Und deshalb", fuhr er schließlich fort, als wir uns einigermaßen beruhigt hatten, „hat Neil Armstrong auch ,Good Luck, Mr. Gorsky' gesagt, bevor er wieder in die Mondlandefähre stieg."

„Ich dachte, er hätte gesagt: Ein kleiner Schritt für die ... Dings ... die ...", Torsten suchte noch halb benommen von der letzten Punchline nach Worten.

„Ein kleiner Schritt für einen Menschen, ein riesiger Sprung für die Menschheit", half Walter aus. „Ja. Das hat er gesagt, als er aus der Fähre *heraus*trat, doch bevor er wieder *hinein*stieg, wünschte er Mr. Gorsky viel Glück. Aber das ist wieder typisch, dass die Welt den unwichtigen Kram im Gedächtnis behält und die entscheidende Frage, ob jemand nach Jahrzehnten des Wartens endlich einen Blow-Job bekommt, völlig außer Acht lässt. Wie sollen die jemals Leben im All finden, wenn sie sich nicht mal für das Leben auf der Erde interessieren, diese lustfeindlichen Idioten? Da reden immer alle davon, wie wichtig der wissenschaftliche Fortschritt ist – aber wenn man mich fragt, ob ich lieber einen Blow-Job hätte oder einen Taschenrechner, würde ich mich jederzeit für den Blow-Job entscheiden."

„Guter Punkt", sagte Torsten und nickte anerkennend, dann zog er ein Glas aus der Spüle und begutachtete es im Funzellicht.

„Kann man davon leben – ich meine, von der Musik?", fragte ich Walter, um die Konversation wieder über die Gürtellinie zu ziehen.

Walter hatte sein Lachen wiedergefunden. „Wie man's nimmt", sagte er. „Wenn man viel auf Reisen ist, kann man die Zeit ja auch noch für andere Geschäfte nutzen, wenn du verstehst, was ich meine."

„Äh, nein, verstehe ich nicht."

„Wenn man viele Leute kennt und viele Orte besucht hat, weiß man irgendwann, wo man was bekommt", erklärte Walter so langsam, dass ihm auch ein Dreijähriger auf Valium hätte folgen können. „Und mit diesem Wissen kann man dann sein eigenes Logistik-Unternehmen starten, klar? Heute ist das groß in Mode. Netzwerken nennen die das, glaube ich. Das macht mir das Geschäft kaputt."

„Ach, wirklich?"

„Ja, fürchterlich. Dieser Gedanke, die Welt sei ein Netz und jeder könne über eine, wie sagt man – virulente Verbindung?"

„Virtuelle Verbindung", half diesmal ich aus.

„Ja, genau, durch eine visuelle Verbindung Kontakt zu jedem Punkt in diesem Netz ... also ... herstellen – das hat mir zu schaffen gemacht."

„Du meinst das Internet?"

„Stimmt! So heißt das. Plötzlich wusste jeder, wo er was bekommen konnte. Damit war ich quasi arbeitslos. Ich habe mich dann auf die Medizin verlegt."

„Was denn für Medizin?"

„Na, ich verkaufe Zeug, von dem die Leute nicht wissen, dass sie es brauchen, das sie aber unbedingt haben wollen, wenn ich ihnen davon erzähle."

„Zum Beispiel?"

„Was weiß ich. Tropfen gegen innere Leere, Lutschtabletten gegen Selbstzweifel, Tee gegen Höhenangst, Hüte gegen das Vergessen, 3-D-Brillen für die Wirklichkeit."

„Aber das gibt es doch alles gar nicht."

„Sagst du. Ich sage was anderes."

„Aber das ist doch Betrug, oder nicht?"

„Nein, nein. Die Leute haben Vertrauen zu mir. Eigentlich handle ich mit Vertrauen. Und das ist echt."

„Aber es ist doch *ihr* Vertrauen."

„Nein, nein. Es ist mein Vertrauen. Ich habe es mir erarbeitet. Ich würde sogar sagen, es …"

Er drehte sich um. Einer der *No-Hitters*, ich glaube, es war der Schlagzeuger, hatte ihm auf die Schulter getippt.

„Hey Cat", röchelte der mutmaßliche Trommler kehlkopflos, dafür mit amerikanischem Akzent, „ich glaube, wir müssen los. Charlie und Eduard warten schon unten. Wir haben noch vierhundert Kilometer vor uns."

„Ah, das C. steht für Cat", sagte ich, um die Gesprächshoheit zurückzugewinnen. „Ich habe mich schon gefragt, was es bedeutet. Das ist Hipster-Slang, so wie in dem Johnny-Cash-Song ‚Mean-Eyed Cat', oder?"

„Nein, nein", sagte Walter und schüttelte den Kopf. „Das C. steht für Chrysostomus – griechisch für Goldmund. Hesse, verstehst du? Habe ich als junger Mann gelesen. Fast alles von ihm."

„Eine Jugendsünde?"

„Mag sein. Ich weiß nicht. Manche sagen, dass Hesse heute unlesbar sei, verkitscht und unzeitgemäß. Ich glaube, sie haben Unrecht. In meiner Jugend schätzte ich vor allem seine berühmten Romane aus den Zwanzigern, Dreißigern und Vierzigern – die waren damals ja noch fast brandneu. Heute sind mir seltsamerweise die davor liegenden Erzählungen über Kindheit und Jugend am liebsten. Vor allem ,Demian' und ,Kinderseele'. Vielleicht wird man mit dem Alter tatsächlich immer jünger."

Er wendete seine Augen zur Decke, wie ein Kind, das etwas Auswendiggelerntes aufsagen will, zapfte also wohl sein Langzeitgedächtnis, diesen aus unserer Vergangenheit gespeisten Autopiloten, an. „*Manchmal handeln wir, gehen aus und ein, tun dies und das, und es ist alles leicht, unbeschwert und gleichsam unverbindlich, es könnte scheinbar alles auch anders sein*", deklamierte er. „*Und manchmal, zu anderen Stunden, könnte nichts anders sein, ist nichts unverbindlich und leicht, und jeder Atemzug, den wir tun, ist von Gewalten bestimmt und schwer von Schicksal.*"

Er hielt inne, schaute mich an. „Ich finde, nichts an diesen Sätzen ist unzeitgemäß und verkitscht. Sie scheinen mir, im Gegenteil, sehr klar und von ewiger Gültigkeit zu sein. Wegen solcher Sätze habe ich das C. in meinem Namen beibehalten. Es fügt mir etwas hinzu, was meine Eltern mir nicht geben konnten, etwas, das die Kunst mir gab. Es macht mich erst zu einem Menschen, wenn du verstehst, was ich meine."

„Ich glaube schon."

„Ein Name ist wie eine Tätowierung, man wird ihn sein Leben lang nicht los."

„Aber warum nennen sie dich dann Cat?", fragte ich.

Er seufzte. „Das ist eigentlich zu kompliziert für diese späte Stunde." Er zeigte auf seinen Bandkollegen, der immer noch hinter ihm stand und auf ihn wartete. „Robbie, mein Schlagzeuger, ist Amerikaner. Er wurde in den Great Smoky Mountains von Tennessee geboren, ist aber in einem Fischerdorf in New England aufgewachsen. Wir spielen schon seit 45 Jahren zusammen. Er ist mein Dannie Richmond, wenn du verstehst, was ich meine?"

„Ja, der treue Schlagzeuger von Charlie Mingus."

Er nickte. „Und Walter C. Wolf klingt für ihn, den Amerikaner, wie Walter Seawolf – also Seewolf, der Fisch, okay? Und ein anderes Wort für den Seewolf im Amerikanischen ist, wie du sicher weißt, ‚Catfish'."

Zunächst dachte ich, meine intensive Arbeit an dem Dylan-Text, die allmählich einsetzende Müdigkeit und der Alkohol hätten mir eine Art Wachtraum beschert. Doch Walters Wort hallte nach in meinem Kopf. Ich war mir fast sicher, dass er es tatsächlich gesagt hatte.

„Catfish?", fragte ich vorsichtshalber noch mal halblaut nach.

„Ja, Cat kommt von Catfish", sagte Walter ein bisschen gereizt, als glaubte er, ich stünde auf einer ziemlich langen Leitung.

„Es gab einen Baseballspieler, der den gleichen Namen hatte", sagte ich naseweis.

„Jim Hunter, klar", nickte Walter. „Ein Pitcher. Was meinst du, warum meine Band *The No-Hitters* heißt? Apropos: Wir müssen jetzt tatsächlich los. Es ist noch ein weiter Weg."

„Wirklich? Ich würde gern noch ..."

„Wir sind bestimmt bald mal wieder in Berlin", sagte er, während er aufstand. „In ein paar Monaten oder Jahren, wer weiß das schon? Dann können wir unsere Unterhaltung ja fortsetzen und ein bisschen über Baseball reden." Er folgte seinem Schlagzeuger und begann äußerst laut zu singen: *„Take me out to the ball game, take me out with the crowd."*

„Halt", rief ich ihm hinterher. „Wo spielt ihr denn morgen?"

Er schaute zurück und zuckte mit den Schultern. Es schien ihm egal zu sein. Dann verschwand er aus dem Türrahmen, ich stand auf und folgte ihm, stolperte über meinen eigenen Fuß, fing mich jedoch wieder. Als ich das Treppenhaus betrat, sah ich Walter unten stehen und sich mit einem jungen Mädchen unterhalten. Sie trug in der kalten Herbstnacht nur Jeans und T-Shirt und wippte fröstelnd von einem Bein aufs andere. Walter schaute zu mir hoch, winkte und rief: „Wir sehen uns in Bielefeld!"

THE CODE
OF THE ROAD
Wissenswertes zu „Catfish" und Bob Dylan

EIN KLEINER REISEFÜHRER
Routen, Unterkünfte, Sehenswürdigkeiten

Die Reise, die ich in diesem Buch beschreibe, habe ich unternommen, um mich auf diese Weise der Faszination zu nähern, die Bob Dylan auf mich im Speziellen und im besten Fall auch auf viele andere ausübt. Ich traf eine Menge interessanter und auf die ein oder andere Art außergewöhnlicher Menschen und besuchte Orte, die in keiner Dylan-Biografie verzeichnet sind, ich hörte Lieder, die es auf keiner LP zu hören gibt, die man von keinem Server der Welt herunterladen kann, und ich sah Dinge, die auf keinem Bild festgehalten wurden. Je länger mein Trip hinter mir liegt, desto mehr kommt es mir vor, als sei dieser Bob Dylan, den ich traf, gar keine Person, sondern tatsächlich ein Land – oder vielmehr: eine Bewegung durch ein Land.

Vielleicht hat der ein oder andere nach der Lektüre meiner Aufzeichnungen Lust bekommen, ebenfalls eine Reise durch dieses geheimnisvolle Land zu unternehmen. Ein Bericht kann die eigene Erfahrung schließlich nicht ersetzen. Ich bin mir sicher, jeder Reisende wird ganz andere Dinge sehen und erleben als ich, er wird andere Lieder hören, auf andere Menschen treffen und zu anderen Urteilen und Deutungen kommen. Wer sich ein paar Tipps wünscht, bevor er sich auf den Weg macht, der möge hier weiterlesen, denn wir sind sozusagen im Service-Teil dieses Buches angekommen.

Wo startet man?

Die Antwort auf diese Frage hängt natürlich von den eigenen Vorlieben und Neigungen jedes Einzelnen ab. Lieben Sie die Romantik der Highways oder stehen Sie eher auf das bunte Leben in den Metropolen? Mögen Sie die kleinen gemütlichen Eckkneipen oder die hippen Clubs und Bars? Lesen Sie lieber Comics oder Bildungsromane? Mögen Sie Beat-Literatur? Eher Jack Kerouac oder William S. Burroughs? Oder ziehen sie gar Herbert Huncke vor, der zwar wenig geschrieben, aber sehr viel gelebt hat? Ginsberg? *„Kaddish"* oder *„Howl"*? Sind Sie eher der Abenteurer oder gehen Sie gern in Museen? Glauben Sie an ein Leben nach dem Tod? Sprechen Sie gar manchmal mit Toten? Glauben Sie an Gott? An welchen? Interessieren Sie sich für Philosophie? Sind Sie politisch engagiert? Oder wollen Sie einfach eine schöne Zeit mit ihrem Schatz verbringen? Sie sind frisch getrennt? Das ändert die Sache natürlich vollkommen.

Es heißt zwar immer, man solle ein Buch nicht nach seinem Umschlag beurteilen, ich bin mir aber sicher, man findet den geeigneten Ausgangspunkt für die Erkundung des Dylan-Landes tatsächlich, indem man sich unter all den Albumcovers jenes heraussucht, das einen am meisten anspricht. Interessiert man sich beispielsweise für den Ursprung der Kunstfigur, will wissen,

230

wie jemand klingt, der gerade frisch aus dem Ei geschlüpft ist, wird man wohl das Cover wählen, das einen pausbäckigen Jungen mit Kordkappe und dicker Schafsfelljacke zeigt, und wenn man die Platte, es handelt sich um das Debüt *„Bob Dylan"* (1962), auflegt, hört man einen, der sich aus alten Blues- und Folksongs ein eigenes Ich formt, der klingt, als sei er so alt wie das Land, aus dem er stammt.

Wenn man das Bild des jungen Paares wählt, das mit hochgezogenen Schultern an parkenden Autos vorbei durch den Schneematsch läuft, hört man jemanden, der angekommen ist in der großen Stadt, der Teil einer Szene und einer Gemeinschaft geworden ist und Lieder singt über die Kälte des Krieges, die Ungerechtigkeit der Gesellschaft und die launenhafte Liebe (*„The Freewheelin' Bob Dylan"*, 1963). Der junge Mann auf *„The Times They Are A-Changing"* (1964) ist wohl so zornig, weil sich – wie der Titel schon sagt – die Zeiten geändert haben: das Klima ist rauer geworden nach der Ermordung Kennedys, die Hoffnung, die Welt könne in den Händen der älteren Generation ein besserer Ort werden, scheint geschwunden, bald wird der Künstler ein anderer sein und eine Platte veröffentlichen, die – gegen den Willen des auf dem Cover sehr mürrisch schauenden Künstlers – den Titel *„Another Side Of Bob Dylan"* (1964) trägt.

Wer sich für das Bild entscheidet, auf dem der junge Mann in der bourgeoisen Stube zwischen Platten, Bildern und Zeitschriften vor dem Kamin sitzt, im Hintergrund eine brünette Schöne (*„Bringing It All Back Home"*, 1965), wird sich naturgemäß in die Referenzhölle begeben, wird hören, wie der Sänger die alten Lieder mit der neuen Zeit kurzschließt und in den wilden Bewusstseinsstrom springt.

Das Cover des ebenfalls 1965 erschienenen *„Highway 61 Revisited"* zeigt einen coolen Typen in buntem Hemd und *Triumph Motorcycle*-Shirt mit Sonnenbrille in der Hand, der in einem Hauseingang sitzt, dahinter steht jemand im Ringelshirt mit Fotokamera. In den Songs scheint sich wirklich jemand auf ein lautes Motorrad zu setzen und auf die Reise den Highway 61 hinunter zu machen, allerlei komische Typen aus seinen Träumen und Fantasien zu treffen und alles in surrealen Bildern festzuhalten.

Der leicht unscharfe und wohl stark benebelte Typ mit schwarz-weißem Schal und Wildlederjacke auf dem Cover des Doppelalbums *„Blonde On Blonde"* (1966) ist der hippste Begleiter, den man sich für die New Yorker Nacht, die Dylan auf diesem Album in quecksilbrige Lieder gießt, vorstellen kann.

Die bunte Truppe, die man auf den 1967 entstandenen und 1975 in Teilen veröffentlichten *„Basement Tapes"* sehen kann, könnte aus einem Zirkus, einem Jahrmarkt oder einer *Minstrel Show* von anno dazumal entlaufen sein, und die Lieder auf dieser Doppel-LP klingen tatsächlich wie Beschwörungen der Geister der Vergangenheit.

Der freundlich lächelnde, zwischen zwei Indianern stehende Herr mit Hut scheint ein direkter Nachfahre von Henry Thoreau zu sein oder ein mormonischer Einsiedler, der uns über die amerikanische Psyche aufklärt und zu Bibelstudien einlädt – und genau das hören wir auf dem zugehörigen Album *„John Wesley Harding"* (1967). Der Coverstar von *„Nashville Skyline"* (1969) könnte einer sein, der gerade sehr glücklich ist, alle Leute auf der Straße mit einem Lächeln grüßt, während er höflich den Hut lupft – vielleicht ist er gerade Vater geworden. Die mit lieblicher Stimme vorgetragenen simplen Liebeslieder des Albums beschwören das Familienglück.

Auf einer Platte namens *„Self Portrait"* (1970) sehen wir ein naiv hingeschmiertes Bild, das dem Künstler, den wir alle kennen, überhaupt nicht ähnlich sieht – dieser singt Lieder anderer Leute mit verstellter Stimme.

Der bärtige Mann auf *„New Morning"* (1970) scheint der zufriedene treusorgende Familienvater vom *„Nashville Skyline"*-Cover zu sein. Ein bisschen älter und häuslicher ist er geworden, er trägt jetzt einen Bart und sieht so aus wie ein Wanderer, der endlich angekommen ist. Wer ihn sympathisch findet, sollte sich anhören, was er zu sagen hat. Wer Western mag, wird auf die Signalwörter „Pat Garrett" und „Billy The Kid" des Soundtracks zu Sam Peckinpahs Film von 1973 anspringen.

Die Zeichnung auf dem Cover von *„Planet Waves"* (1974) wirkt ein bisschen beunruhigend, die Figur in der Mitte des Bildes scheint Tätowierungen eines Ankers auf der Stirn und eines Herzens auf dem rechten Arm zu tragen – seine über seine Schultern linsenden geisterhaften Begleiter flüstern ihm etwas ins Ohr. Die Lieder erzählen die Geschichte eines Mannes, der hin- und hergerissen scheint zwischen Liebe und Hass, Abenteuer und Wurzelnschlagen. Er scheint nicht mehr zu wissen, wer er eigentlich ist und auf wen oder was er hören soll, ob er nach vorn schauen soll oder zurück. Selbst in den Liebesliedern klingt das drohende Unheil mit.

Auf der Zeichnung, die *„Blood On The Tracks"* (1975) schmückt, ist wieder eindeutig der Künstler selbst zu erkennen – die Konturen sind allerdings etwas unscharf und er trägt eine Sonnenbrille. Er scheint allein durch eine kalte Nacht zu gehen, über sich und die Welt zu sinnieren, gefangen in Gedanken, auf der Suche nach einer neuen Sicht auf die Dinge. Das Trennungsalbum für einsame Wölfe.

Der Mann auf dem Cover von *„Desire"* (1976) scheint frei zu sein. Ein Entdecker und Abenteurer in dickem Mantel inmitten der Natur, den Blick nach vorne gerichtet. Zwei Jahre später wartet ein Typ in einem Hauseingang auf jemanden oder etwas (*„Street Legal"*, 1978). Vielleicht auf die Liebe, denkt man, wenn man den mystischen Texten auf dem Album folgt, vielleicht weiß er es aber auch selbst nicht so genau. Die Antwort kommt ein Jahr später auf dem Cover von *„Slow Train Coming"* (1979), wo ein Bummelzug aus einem dunklen Tunnel rollt, während Arbeiter noch die Schienen verlegen – einer von ihnen schwingt einen Hammer, der aussieht wie ein Kreuz – und so den Weg bereiten für den Allmächtigen – oder doch eher für die Apokalypse? Bob Dylan singt Gospellieder und erwartet die Ankunft des Herrn. Ein Jahr später, auf dem Cover von *„Saved"* (1980), scheint der göttliche Funke endgültig übergesprungen. Die Explosion auf *„Shot Of Love"* (1981) wirkt danach eher wie eine Befreiung als wie eine Katastrophe, der einsame Prophet scheint vom Berg gekommen zu sein, um sich wieder weltlichen Dingen zu widmen und seine Liebe (schön gleichmäßig) auf die (vor allem weiblichen) Schäfchen zu verteilen. Auf *„Infidels"* (1983) kehrt der Mann mit der Sonnenbrille vom *„Blood On The Tracks"*-Cover zurück – vielleicht hat er gerade aus dem Fenster geschaut, dem er nun den Rücken zuwendet. Jedenfalls singt er Lieder von einer in Unordnung geratenen Welt.

Auf dem Cover von *„Empire Burlesque"* (1985) wirkt der Mann mittleren Alters im grauen Jackett mit den 80s-Schulterpolstern, als sei er in einer hässlichen, den Zeitgeist des Jahrzehnts widerspiegelnden Ästhetik gefangen – so muss die Midlife-Crisis aussehen und so klingt sie auch.

Die Cover der nachfolgenden Platten sind nichtssagend, unscharf und/oder albern. Niemand wird sich für sie entscheiden, was bei Alben mit sprechenden Titeln wie *„Knocked Out Loaded"* (1986) und *„Down In The Groove"* (1988) nicht weiter schlimm, bei *„Oh Mercy"* (1989) und *„Good As I Been To You"* (1992) allerdings ein großer Fehler ist, denn hinter der Cocktail-Party-Street-Art und dem Porträt eines etwas mürrisch und verlottert schauenden Mannes mit Dreitagebart verbergen sich Alben, auf denen Bob Dylan seine zerbrochene Welt aus den Scherben der Vergangenheit jeweils auf ganz unterschiedliche Weise wieder neu zusammensetzt. Das wundervolle Bild, das *„World Gone Wrong"* (1993) schmückt, erinnert entfernt an das Cover von *„Bringing It All Back Home"*, der jugendliche Hipster ist aber einem exzentrischen älteren Flaneur mit Spazierstock gewichen, der für die modernen Zeiten nur ein müdes Lächeln übrig hat. Wenn Sie die Platte auflegen, werden Sie feststellen, dass dieser Mann, der allerlei alte Lieder singt, nichtsdestotrotz keinesfalls von Gestern ist.

Wer das Cover von *„Time Out Of Mind"* (1997) wählt, weil es ihn an die alten Bluesplatten erinnert, die er so liebt, liegt absolut richtig und wird in diesen wundervollen dunkelblauen Liedern vom Ende der Welt viele Déjà-vues erleben, und wer beim Anblick des Typen vorne auf *„„Love And Theft""* (2001, der Titel steht schon auf dem Cover in Anführungszeichen) einen verschmitzten Gauner und Trickbetrüger erkennt, der vielleicht Catfish heißen und ein entfernter Verwandter von Chaplins

Tramp sein könnte, wird nicht enttäuscht werden von dieser Platte, auf der Dylan sich aus alten Liedern und Texten eine neue Jacke näht und mit der Tradition Katz und Maus spielt.

„Modern Times" (2006) zeigt Ted Croners klassische Fotografie eines New Yorker Taxis bei Nacht – man sieht die Nachteulen vor sich, hört die rauchige Stimme des Radio-DJs, der ihnen bis in die frühen Morgenstunden Gesellschaft leistet und immer wieder Lieder spielt, die aus der Goldenen Ära des Mediums, den Dreißigern und Vierzigern zu stammen scheinen. Dylan hatte, als das Album erschien, eine eigene Radio-Show bei einem amerikanischen Satellitensender, die *„Theme Time Radio Hour"*, die bis 2009 lief und insgesamt einhundert Folgen umfasst, in denen er jeweils eine Stunde lang hauptsächlich aus der fernen Vergangenheit stammende Lieder zu einem speziellen Thema – etwa zum Wetter oder zur Bibel, zu Tod und Steuern, Autos oder dem Nichts – spielte und launig kommentierte, wie einer der DJs, die man eben nachts in jenem oben erwähnten Taxi hören konnte. Auch diese Shows sind ein wunderbarer Reiseführer durchs geheimnisvolle Bob-Dylan-Land. Nur sind sie auf legalen Wegen nicht zu bekommen. Bis auf eine Folge, zum Thema „Friends & Neighbors", die der Deluxe-Edition des Albums *„Together Through Life"* (2009) beilag. Das Cover zeigt ein Foto aus den Fünfzigern: ein Pärchen liebt sich auf dem Rücksitz eines Autos, durch die Scheibe hinter ihnen sieht man den Highway. Die Lieder, die Bob Dylan auf diesem Album singt, klingen wie eine wehmütige Erinnerung an die wilden alten Zeiten. Sentimental ist auch sein Weihnachtsalbum *„Christmas In The Heart"* (2009) geraten, auf dem er mit zerschossener Stimme, zu wundervoll an der Grenze zum Kitsch tänzelnden

Arrangements den Crooner gibt und Klassiker wie „Winter Wonderland", „Little Drummer Boy" und „Adeste Fideles" kredenzt. Aber wenn Sie das Cover mit der geschwungenen Schrift und dem von etwas behämmert dreinblickenden Pferden gezogenen Schlitten mit russischem Muttchen und Väterchen drauf gewählt haben, haben Sie sich das vermutlich eh schon gedacht.

Das 2012er-Album *„Tempest"* werden Sie wohl nicht als Einstieg in Dylans Werk wählen, wenn Sie nach dem Cover gehen – es sei denn, Sie haben einen ausgeprägten Hang zum Trash und pflegen eine Sammlung der schlimmsten grafischen Verbrechen seit der Erfindung von Photoshop oder Sie kommen gerade von einem Wien-Besuch zurück und fragen sich, warum Dylan eine der die vier Flüsse Altösterreichs symbolisierenden Figuren, die sich auf dem Athenebrunnen vor dem Parlament unter der griechischen Göttin räkeln, für eine seiner Plattenhüllen ausgewählt hat. Es handelt sich übrigens um die Moldau, die uns, vom „Art Director" rot eingefärbt, mit halb geschlossenen Augen die nackte Schulter zeigt. Aber warum, um Gottes Willen, die Moldau? Will Dylan dem alten, von einem schweren Tinnitus am Ende seines Lebens fast in den Wahnsinn getriebenen Böhmen Bedřich Smetana Konkurrenz machen? Ob sich in den Liedern, die mit Worten zwischen Bibel und Blues ein blutiges Bild aus Mord und Totschlag, Crime und Katastrophe malen, eine Antwort auf diese Frage findet, werden Sie sicher herausfinden, wenn Sie sich ein bisschen auskennen in diesem geheimnisvollen Dylan-Land. Für den richtigen Weg dorthin sollten Sie Ihren Augen trauen.

(Zeitgleich mit diesem Roman soll übrigens ein neues Dylan-Album mit dem Titel *„Shadows In The Night"* erscheinen.

Das Cover ist im Stil klassischer Platten des Blue-Note-Labels gehalten und zeigt – wie das Album des Trompeters Freddie Hubbard, „*Hub-Tones*" von 1962 – ein zu einer Klaviertastatur stilisiertes Foto. Nach allem, was man weiß, wird Dylan hier – unserere What-you-see-is-what-you-get-Theorie bestätigend – Jazz-Standards aus den Dreißiger- und Vierzigerjahren singen.)

Wie kommt man voran?

Natürlich können Sie sich von Ihrem Ausgangspunkt (s.o.) chronologisch in die ein oder andere Richtung weiterbewegen. Aber es gibt auch andere Verbindungen zwischen den einzelnen Orten in Dylans Werk. Eine, die immer funktioniert, ist die über die amerikanische Songtradition, in der fast all seine Lieder ihre Wurzeln haben. In unterschiedlichen Phasen seiner Karriere gibt Dylan sich auch (fast) ausschließlich als Interpret traditioneller Lieder – auf seinem Debüt etwa, als er sich noch finden muss, und später in Zeiten kreativer Krisen (so nimmt man jedenfalls an), Anfang der Siebziger auf „*Self Portrait*" und Anfang der Neunziger auf „*Good As I Been To You*" und „*World Gone Wrong*". Es scheint fast, als brauche er die alten Songs, um sich seiner selbst zu vergewissern. Auch die eigenen Lieder auf den „*Basement Tapes*" und auf „*Time Out Of Mind*" sind in ihrer geisterhaften Beschwörung der Vergangenheit miteinander verwandt, die Travelogues „*Highway 61 Revisited*" und „„*Love And Theft*"" scheinen im Abstand von 36 Jahren von Reisen durch dasselbe Land zu berichten, „*John Wesley Harding*", „*Slow Train Coming*", „*Saved*", „*Modern Times*" und „*Tempest*" sind durch die biblische Landschaft, in der die Songs spielen, verbunden.

Eine andere Möglichkeit, sich durch das Dylan'sche Werk zu bewegen, sind die Live-Alben, auf denen der Sänger Songs aus unterschiedlichen Phasen seiner Karriere umdeutet und neu interpretiert. Obwohl Dylan so ein großartiger Performer ist, sind viele der offiziell erschienenen Konzertmitschnitte allerdings eine Enttäuschung. Die besten Auftritte blieben in den Archiven.

In der sogenannten *„Bootleg Series"*-Reihe sind neben unveröffentlichten Studioaufnahmen wie etwa „Catfish", dem meisterhaften „Blind Willie McTell" (beide auf *„Bootleg Series Vol 1-3"*, 1991) oder den kompletten Aufnahmen der *„Basement Tapes"*-Sessions (*„Bootleg Series Vol 11"*, 2014) allerdings in den vergangenen Jahren einige fantastische historische Liveaufnahmen erschienen. Vor allem das Konzert aus der Free Trade Hall in Manchester von 1966 (*„The Bootleg Series Vol 4. Live 1966"*, 1998) und die gesammelten Mitschnitte der *Rolling Thunder Revue* (*„The Bootleg Series Vol 5. Live 1975"*, 2002) sind unverzichtbar. Weitere Aufnahmen von der Gospel-Tour 1978/80 (etwa aus dem *Fox Warfield Theater* in San Francisco im November 1979 und aus der *Massey Hall* in Toronto im darauffolgenden Mai) und der sogenannten *Neverending Tour* (etwa die wundervollen Konzerte aus dem New Yorker *Supper Club* im November 1993 oder dem Londoner *Hammersmith Odeon* zehn Jahre später) werden hoffentlich folgen.

Weitere Wegweiser

Natürlich zeigt dieser vergleichsweise schmale Band nur einen von vielen Wegen durch Bob Dylans Land. David Daltons bereits mehrfach erwähntes „*Who is that Man? In Search of the Real Bob Dylan*" (Hyperion, 2012) und Dylans Autobiografie „*Chronicles, Volume One*" (Simon And Schuster, 2004. In deutscher Übersetzung von Kathrin Passig und Gerhard Henschel als „*Chronicles*" bei Hoffmann und Campe und im Taschenbuch bei KiWi erschienen) sind die kurzweiligsten, spannendsten, sicher aber faktisch nicht zuverlässigsten Einblicke in Werk und Leben. Clinton Heylins „*Behind The Shades*" (Faber & Faber, 2011) ist die historisch gründlichste Biografie. David Hajdus „*Positively Fourth Street*" (Farrar Strauss and Giroux, 2001) ist eine sehr erhellende und spannende Studie der Folkszene von Greenwich Village, die zugleich von allen mir bekannten Büchern zum Thema am besten erklärt, wie Bob Dylan sich selbst erschuf.

Der Literaturwissenschaftler Heinrich Detering hat eine sehr lohnende Werkanalyse geschrieben (Reclam, 2009), in der naturgemäß die Songtexte die Hauptrolle spielen. Wer es assoziativ und historisch mag, wird auch Gefallen an den Essays und Büchern von Greil Marcus finden, der in fast jedem seiner Texte – egal zu welchem Thema – immer vor allem über Dylan schreibt. Besonders lohnend ist seine Studie zur amerikanischen Musik, „*Mystery Train*" (Dutton, 1976, in deutscher Übersetzung von Nikolaus Hansen bei Rogner & Bernhard, 1992), in der er erstmals seine mytheninfizierte Geschichtsphilosophie ausbreitet. Seine Beschäftigung mit Dylans „*Basement Tapes*" in „*Invisible Republic*" (Henry Holt & Company, 1997, in späteren

Auflagen umbenannt in „*The Old Weird America*", dt. in der Übersetzung von Fritz Schneider bei Rogner & Bernhard als „*Basement Blues*", 1998) und seine Kulturgeschichte eines Songs, „*Like A Rolling Stone. Bob Dylan at the crossroads*" (Public Affairs, 2005, dt. in der Übersetzung von Fritz Schneider als „*Bob Dylans Like a Rolling Stone: Die Biographie eines Songs*" bei KiWi, 2005), sind ebenfalls sehr zu empfehlen.

Für das vorliegende Buch waren vor allem Jonathan Cotts Interviewsammlung „*Dylan On Dylan. The Essential Interviews*" (Wenner Media, 2006) und die „Special Collectors Edition" des Rolling Stone „*Bob Dylan. 40 Years of Rolling Stone Interviews*" (Wenner Media, 2013) unverzichtbar.

Auch fiktionale Texte haben sich mit dem Geheimnis Dylan beschäftigt. Der Protagonist aus Don DeLillos amüsantem Roman „*Great Jones Street*" (Haughton Mifflin, 1973), ein zurückgezogen in Manhattan lebender ehemaliger Rockstar namens Bucky Wunderlick, basiert zu großen Teilen auf Bob Dylan, ebenso wie der Folksänger Luke Fairchild in Scott Spencers Roman „*The Rich Man's Table*" (Berkley Trade, 1999). Der Dramatiker, Autor und Schauspieler Sam Shepard, der 1975 Dylans *Rolling Thunder Revue* als Ad-hoc-Drehbuchautor für den Film „*Renaldo And Clara*" begleitete und mit Dylan den Song „Brownsville Girl" (der ursprünglich „New Danville Girl" hieß) schrieb, veröffentlichte 1987 in der amerikanischen Zeitschrift *Esquire* einen Einakter mit dem Titel „*True Dylan*", in dem er ein absurdes Interview in einem Hinterhof nahe des pazifischen Ozeans entwirft. Der Interviewte ist ein kleiner magerer Mann namens Bob, der nur mit ein paar Boxershorts bekleidet ist und die ganze Zeit über auf der Gitarre herumklimpert, und der Interviewer ein hagerer Mann in Jeans und T-Shirt namens Sam.

Von einem Lieddichter von Rang erfuhr ich zudem schon vor meiner Reise, er arbeite an einem Roman mit dem Titel *„Die Köchin von Bob Dylan"*. Mehr darüber werden Sie, so hoffe ich, sehr bald in einem Buchladen Ihrer Wahl erfahren.

Den ultimativen Dylan-Film hat D. A. Pennebaker gedreht. Seine Dokumentation der England-Tour von 1965, *„Dont Look Back"*, zeigt den Künstler als überaus komischen, durchaus versnobbten jungen Mann mit Gespür für die Inszenierung seiner eigenen Person. Martin Scorsese hat die Anfänge von Dylans Karriere in der unterhaltsamen zweiteiligen Dokumentation *„No Direction Home"* von 2005 ebenfalls – wenn auch sehr im Interesse des Künstlers – beleuchtet. Eine Ansicht lohnt sich allein für die Filmaufnahmen der tumultösen England-Tour mit seiner hippen Begleitband von 1966, die man zuvor nur arg zerschnitten in Dylans surrealer, selten gezeigter und in Bootleg-Qualität kursierender Bildcollage *„Eat The Document"* sehen konnte.

QUELLEN

„Catfish" ist in Teilen – vor allem in den Dialogen – eine Collage aus vom Autor aus dem Originalzusammenhang genommenen, übersetzten und paraphrasierten Texten anderer Autoren – in erster Linie natürlich der Lyrics und Interviews von und mit Bob Dylan. Es folgt eine Auflistung der verwendeten sowie zur Recherche herangezogenen Quellen.

Songs von Bob Dylan:

„A Hard Rain's A Gonna Fall" (1963)

„Absolutely Sweet Marie" (1966)

„Ain't Talkin'" (2006)

„All Along The Watchtower" (1967)

„Ballad In Plain D" (1964)

„Ballad Of A Thin Man" (1965)

„Blind Willie McTell" (1983)

„Blowin' In The Wind" (1963)

„Brownsville Girl" (mit Sam Shepard) (1986)

„Catfish" (mit Jacques Levy) (1975)

„'Cross the Green Mountain" (2003)

„Desolation Row" (1965)

„Don't Fall Apart On Me Tonight" (1983)

„Don't Think Twice, It's Alright" (1963)

„Every Grain Of Sand" (1981)

„Frankie Lee And Judas Priest" (1967)

„Highlands" (1997)

„I Want You" (1966)

„Idiot Wind" (1975)

„It's Alright, Ma (I'm Only Bleeding)" (1965)

„Joey" (mit Jacques Levy) (1976)

„Just Like Thom Thumb's Blues" (1965)

„Like A Rolling Stone" (1965)

„Love Is Just A Four-Letter Word" (1965)

„Love Minus Zero/No Limit" (1965)

„Man In The Long Black Coat" (1989)

„Mr. Tambourine Man" (1965)

„My Back Pages" (1964)

„My Wife's Hometown" (mit Robert Hunter) (2009)

„Not Dark Yet" (1997)

„One Too Many Mornings" (1964)

„Roll On John" (2012)

„Scarlet Town" (2012)

„Series Of Dreams" (1989)

„She Belongs To Me" (1965)

„Shelter From The Storm" (1975)

„Sign On The Window" (1970)

„Simple Twist Of Fate" (1975)

„Something There Is About You" (1974)

„Spirit On The Water" (2006)

„Standing In The Doorway" (1997)

„Stuck Inside Of Mobile With The Memphis Blues Again" (1966)

„Subterranean Homesick Blues" (1965)

„Summer Days" (2001)

„Tangled-Up In Blue" (1975)

„Things Have Changed" (2000)

„Tomorrow Is A Long Time" (1963)

„Tweedle Dum And Tweedle Dee" (2001)

„Visions Of Johanna" (1966)

„Watching The River Flow" (1971)

„Workingman's Blues #2" (2006)

„You're A Big Girl Now" (1975)

„You're Gonna Make Me Lonesome When You Go" (1975)

Weitere Primärquellen

Bob Dylan: „Eleven Outlined Epitaphs", liner notes zu „The Times They Are A-Changing" (Columbia, 1964).

Bob Dylan: *„Songtexte 1962-1985"*, dt. von Carl Weissner und Walter Hartmann (Zweitausendeins, 1988).

Bob Dylan: Dankesrede bei der Verleihung des Lifetime Achievement Grammy (1991).

Bob Dylan: „About The Songs (What they're about)", liner notes zu „World Gone Wrong" (Columbia, 1993).

Bob Dylan *„Tarantula / Tarantel"*, zweisprachige Ausgabe, aus dem Amerikanischen von Carl Weissner (Hannibal, 1995).

Bob Dylan: *„Chronicles, Volume One"* (Simon And Schuster, 2004), sowie *„Chronicles"*, dt. Übersetzung von Kathrin Passig und Gerhard Henschel (KiWi, 2008).

Bob Dylan: *„Mood Swings"* (Halcyon Gallery, 2013).

Filme von/mit Bob Dylan

„*Dont Look Back*" (D. A. Pennebaker, 1967)

„*Eat The Document*" (Bob Dylan, 1972)

„*Pat Garrett & Billy The Kid*" (Sam Peckinpah, 1973)

„*Renaldo And Clara*" (Bob Dylan, 1978)

„*Masked And Anonymous*" (Larry Charles, 2003)

„*60 Minutes with Bob Dylan*" (CBS, 2004)

„*No Direction Home*" (Martin Scorsese, 2005)

„*I'm Not There*" (Todd Haynes, 2007)

Weitere Filme

„*A King In New York*" (Charles Chaplin, 1957)

„*Tirez sur le pianiste*" (François Truffaut, 1960)

„*Radio Days*" (Woody Allen, 1987)

„*Crumb*" (Terry Zwigoff ,1994)

Aufsätze, Essays, Interviews, Biografien

- Theodor W. Adorno: „Spätstil Beethovens", in ders.:
„Musikalische Schriften IV. Moments musicaux Impromptus"
(Suhrkamp, 2003).
- Theodor W. Adorno: „Zweimal Chaplin",
zit. n. Dorothee Kimmich (Hg.): *„Charlie Chaplin. Eine Ikone der Moderne"*(Suhrkamp, 2003).
- John Bauldie: *„Wanted Man. In Search of Bob Dylan"*
(Citadel Press, 1990).
- Hans Blumenberg: *„Arbeit am Mythos"* (Suhrkamp, 2006).
- Peter Bogdanovich/Orson Welles: *„This Is Orson Welles"*
(Harper Collins, 1992).
- Wolfgang Büscher: „Der Weg zu Bob", in: *Rolling Stone,*
September 2012.
- Cameron Crowe: Liner notes zu Bob Dylans *„Biograph",*
Columbia, 1985.
- Jonathan Cott: *„Dylan On Dylan. The Essential Interviews"*
(Wenner Media, 2006).
- David Dalton: *„Who is that Man? In Search of the Real Bob Dylan"* (Hyperion, 2012).
- Gilles Deleuze/Claire Parnet: *„Dialoge"* (Suhrkamp, 1990).
- Frederico Fellini: *„Fellini über Fellini. Ein intimes Gespräch mit Giovanni Grazzini"* (Diogenes, 1993).
- David Gates: „Dylan Revisited", in: *Newsweek,*
6. Oktober 1997.
- Christopher Isherwood: *„Christopher And His Kind"*
(Vintage Classic, 2012).
- Tom Junod: „Who is this Bob Dylan", in: *Esquire*, 02/2014.

- Siegfried Kracauer: „Goldrausch (Rezension)“,
  zit. n.: Dorothee Kimmich (Hg.): *„Charlie Chaplin. Eine Ikone der Moderne“* (Suhrkamp, 2003).
- Jonathan Lethem: *„The Ecstasy Of Influence“* (Doubleday, 2011).
- Jeff Miers: „A Good Thing“, in: *The Buffalo News*,
  9. August 2002.
- Charles Mingus: *„Beneath The Underdog“* (Vintage, 1991).
- Larry „Ratso“ Sloman: *„On The Road with Bob Dylan“*
  (Three Rivers Press 2002).
- Sam Shepard: *„The Rolling Thunder Logbook“*
  (Da Capo Press, 2004).
- Jann S. Wenner (Hg.): *„Bob Dylan. 40 Years of Rolling Stone Interviews“* (Wenner Media, 2013).
- Paul Williams: *„Bob Dylan. Performing Artist 1974–1986“*
  (Omnibus Press, 2004).

Romane und Erzählungen

- Donald Barthelme: „The Genius", in: *„Forty Stories"* (Penguin Classics, 2005).
- Jorge Luis Borges: „Tlön, Uqbar, Orbis Tertius", in ders.: *„Die unendliche Bibliothek. Erzählungen"* (S. Fischer, 2011).
- Don DeLillo: *„Great Jones Street"* (Haughton Mifflin, 1973).
- Don DeLillo: *„Running Dog"* (Alfred A. Knopf, 1978).
- William Gaddis: *„The Recognitions"* (Dalkey Archive Press, 2012).
- Hermann Hesse: *„Kinderseele"* (Suhrkamp, 1985).
- Franz Kafka: „Josefine, die Sängerin oder Das Volk der Mäuse", in ders.: *„Die Erzählungen"* (Fischer, 2007).
- Alan Moore/Dave Gibbons: *„Watchmen"* (DC Comics, 2008).
- Thomas Pynchon: *„Mason And Dixon"* (Vintage, 1988).
- Junichi Saga: *„Confessions Of A Yakuza"* (Kodansha, 2013).

Songs und dichterische Werke

- Thomas Brasch: „Und der Sänger Bob Dylan in der Deutschlandhalle", in: *„Der schöne 27. September"* (Suhrkamp, 2004).
- Michael Jackson: „Thriller" vom Album *„Thriller"* (Epic, 1982).
- Jay-Z feat. Blackstreet: „The City Is Mine" vom Album *„In My Lifetime Vol. 1"* (Roc-A-Fella/Def Jam, 1997).
- Tom Liwa: „Wovor hat die Welt am meisten Angst" vom Album *„Eine Liebe ausschließlich"* (Normal/Indigo, 2009).
- Tom Liwa: „Jahre des Verrats", unveröffentlicht.
- Gil Scott-Heron: „The Revolution Will Not Be Televised" (Flying Durchman, 1971).
- William Shakespeare: „Hamlet. Englisch/Deutsch", übers. von Holger Klein (Reclam 2014).
- Bruce Springsteen: „Meeting Across The River" vom Album „Born To Run" (Columbia, 1975).
- Henry Timrod: „Rhapsody of a Southern Winter Night", in: Ed Winfield Parks/Aileen Wells Parks: „The Collected Poems of Henry Timrod: A Variorum Edition" (University of Georgia Press, 2007).
- William Carlos Williams: „Paterson" (New Directions, 1995).

Mein besonderer Dank gilt
Daniel für die erste Idee

Manni für seine Geschichte von Catfish, sowie Thomas, Zwielo und den Bullenschrecks für klampfenfreie Lagerfeuerabende

Matti, Olli, Patrick und Philipp für viele gemeinsame Konzert-Erlebnisse

Judy Linn für das sagenhaften Foto auf dem Cover dieses Buches und Walter Schönauer für die genialische Gestaltung.

Mila für den neuen Morgen

Impressum

ISBN 978-3-8493-0363-1
1. Auflage 2015
© WALDE +GRAF bei METROLIT
Metrolit Verlag GmbH & Co. KG, Berlin 2014
Alle Rechte vorbehalten. Weiterverwendung und
Vervielfältigung nur mit ausdrücklicher
Genehmigung des Verlages gestattet.

Covergestaltung: Walter Schönauer
unter Verwendung einer Fotografie von Judy Linn
Layout und Satz: studio-stg, Berlin
www.studio-stg.com
Druck und Bindung: CPI books GmbH, Ebner & Spiegel, Ulm

www.metrolit.de

Verlag und Autor danken Judy Linn und
WHITE TRASH CONTEMPORARY
agentur für kunst + kommunikation, Hamburg
(www.whitetrashcontemporary.com)
für die Verwendung der Coverfotografie.

JUDY LINN, Laundrobag (Patti as Bob Dylan), 1970, silver gelatine print